介護事業経営
コンサルティング・
マニュアル

人材育成による差別化と合理化のための
12カテゴリー別実例集

NURSING CARE BUSINESS
CONSULTING MANUAL

株式会社アールイー経営 代表取締役
嶋田 利広

株式会社東邦ビジコン 代表取締役
すずき 佳久

マネジメント社

はじめに

　平成24年度の介護報酬改定は、地域区分の見直しなどによって、一部の都市を除き全般的に厳しいものになった。2年に1回の報酬改定は、今後ますます厳しくなることが予想される。
　この背景にあるのは、高齢者の増加とそれを支えるはずの財政の逼迫である。また「社会保障・税一体改革法案」の確実な実施に向けた最初の第一歩でもあり、したがって、介護事業所の経営は、入所型・在宅型問わず、経営効率化や戦略的経営の必要性がますます高まっていく。
　介護報酬の厳しさだけではなく、介護職員の不足も大きな経営課題だ。介護業界の低賃金と重労働が敬遠され、新卒者の入職希望者は減少傾向にある。介護の担い手の中心である中高年の女性職員も、家庭の都合や賃金・健康障害等で離職することが多く、それを補える人材市場が少ないのが実態である。特にヘルパー（訪問介護従事者）に至っては、その傾向が顕著である。
　このような多くの問題を抱える介護事業所に対し、経営者の立場、管理者の立場、現場の立場、この三者間のバランスをうまくとりながら、客観的な見地から支援・アドバイスを行う第三者としてのコンサルティング・ニーズが高まってきている。
　では、介護事業所への経営コンサルタントの役割とはどういうものであろうか。それは、「計画経営への展開のために、施設長等の経営陣だけではなく、管理者・職員までを巻き込んで、品質を維持しつつ一人当たりの作業効率を上げていく」ためのお手伝いということになる。
　そこで、私たちがこれまで十数年間、介護現場で取り組んできた介護経営コンサルティング・ノウハウを公開し、少しでも介護事業の支援を行う専門家のお役に立てればという思いで、本書を執筆するに至った。

　本書で一緒に執筆した㈱東邦ビジコンの鈴木社長は、長年、福島県いわき市で経営コンサルタントを行っているベテランである。東日本大震災や原発の影響から未だ不透明感漂う福島や東北各地、関東において積極的に介護施設の経営コンサルティングを進めている。
　鈴木社長も弊社の介護経営コンサルティング・ノウハウを十分理解し、実際に現場で活用され、本書で紹介している12カテゴリーのノウハウだけではなく、賃金システムにおいても高い評価を得ている一人である。
　本書では、㈱アールイー経営のノウハウと、㈱東邦ビジコンの経験をコラボレーションして「介護事業経営のコンサルティング・マニュアル」としてまとめた。すでに活

躍中の経営コンサルタントやこれから介護分野のコンサルティングを進めようとしている各士業や会計事務所の職員、また介護事業者と何らかの関係がある外部ブレーンの方たちの参考になれば幸いである。

　さらに、本書で紹介しているコンサルティング・ノウハウは、現実に介護事業を経営している経営者にも十分役立つものと自負している。本書が少しでも、介護事業者の経営にプラスになれば望外の喜びである。

　2012年8月吉日

　　　　　　　　　　　　著者を代表して　㈱アールイー経営　嶋田 利広

もくじ◎介護事業経営　コンサルティング・マニュアル

はじめに ——————————————————————————— 3

Introduction　介護事業所への経営コンサルティングの基本と進め方 ——— 9
1. これからの介護事業所への経営コンサルティングの方向性 ——————10
2. 介護事業所コンサルティングへの展開 ———————————————11
3. 介護事業所コンサルティングをするうえでの実務 ——————————14
4. 社会福祉法人での10年のコンサルティング・ドキュメント —————15
5. 介護事業所コンサルティング12カテゴリーの目的と必要性 —————16

Category I　基本理念・基本方針からクレド作成コンサルティングの進め方 — 21
1. 基本理念・基本方針・クレド作成が求められる背景 ——————————22
2. 必要性の説明 ————————————————————————22
3. 経営者・幹部と協議しながら一緒に作成 ——————————————23
4. 現状の「基本理念」「基本方針」の分解 ——————————————24
5. 基本方針・ビジョンアンケートから文言を抽出 ———————————24
6. 求められる職員像、管理者像を明文化 ———————————————25
    《掲載帳票・シート類》
    ― 1　経営理念・ビジョン・施設方針に関するアンケート　26
    ― 2　特別養護老人ホーム○○園　基本理念・基本方針・クレド　28

Category II　中期ビジョン作成コンサルティングの進め方 ——————— 33
1. 中期ビジョン作成が求められる背景 ————————————————34
2. 中期ビジョンシートへの記入 ———————————————————34
    《掲載帳票・シート類》
    ― 1　介護事業部　中期ビジョンシート　36
    ― 2　介護事業部中期ビジョン事例　37

Category III　中期ビジョン作成のためのSWOT分析コンサルティングの進め方 — 39
1. SWOT分析による中期ビジョン作成方法 —————————————40
2. 事前課題シートの作成ポイント —————————————————45
    《掲載帳票・シート類》
    ― 1　SWOT分析検討会　コンサルティング（司会）の進め方　47
    ― 2　SWOT分析検討会「脅威」「機会」の事前課題　50
    ― 3　SWOT分析検討会「弱み」「強み」の事前課題　51
    ― 4　SWOT・クロス分析　記入例　52
    ― 5　クロス分析　優先順位判断基準シート　54
    ― 6　SWOT・クロス分析後の「中期ビジョン」体系図　56

Category IV　年度方針・部門別方針・行動計画作成コンサルティングの進め方 —— 59

1. 年度方針・部門別方針・行動計画作成が求められる背景 —— 60
2. 年度方針の展開方法 —— 60
3. 部門別方針・行動計画作成 —— 61
4. 四半期チェックの仕方 —— 63

《掲載帳票・シート類》
- ―1　年度　経営方針体系フォーム　64
- ―2　前期の反省フォーム　65
- ―3　年度　部門方針・行動計画モニタリングシート　66
- ―4　今期の経営方針・スローガンおよび重点具体策　68
- ―5　【特養・ショート】部門　部門方針・行動計画　70
- ―6　【デイサービス】部門　部門方針・行動計画　72

Category V　職種別職能要件書【職能評価シート】作成コンサルティングの進め方 —— 75

1. 職種別職能要件書（職能評価）の必要性（メリット） —— 76
2. 管理者向けの職能要件書（職能評価シート）作成の説明 —— 77
3. モデル事例を参考に「職種別面談」で確認・作成 —— 78
4. 職能評価シートをコンサルタントとの面談で検証 —— 80
5. 作成後の実際の職能評価シートの運用 —— 81

《掲載帳票・シート類》
- ―1　職能要件書作成のための参考　職能資格基準・フレーム　82
- ―2　職能要件書（入所介護）実例　84
- ―3　職能要件書（訪問介護）実例　88
- ―4　職能要件書（デイサービス）実例　90
- ―5　職種別職能評価シート作成のポイントと某病院・施設のドキュメント　92
- ―6　介護職　等級別職能要件書一覧作成シート　94

Category VI　役所別職務権限表作成コンサルティングの進め方 —— 97

1. 役職別職務権限表が求められる背景 —— 98
2. 「職務権限」作業のための事前準備 —— 98
3. 検討会での作成 —— 99

《掲載帳票・シート類》
- ―1　職務権限調査シート（事前課題）　101
- ―2　経営管理者　職務権限・業務分掌　102
- ―3　【特養】部門　職務権限・業務分掌　103

Category VII　業務手順書作成コンサルティングの進め方 —— 105

1. 業務手順書作成が求められる背景 —— 106
2. 手順書作成業務の範囲 —— 106
3. 必要な業務手順書の選択と区分け —— 107

4. 業務手順書の書き方の説明 ——————————————————— 107
　　5. コンサルティングの進め方 ——————————————————— 108
　　　《掲載帳票・シート類》
　　　—1　【　】部門　職務調査シート　109
　　　—2　食事介助手順（通所サービス）　110
　　　—3　ケアプラン作成手順（居宅介護支援事業）　113
　　　—4　送迎実施手順（通所サービス）　116
　　　—5　ターミナルケア手順　118

Category VIII　教育カリキュラム作成コンサルティングの進め方 ——— 121
　　1. 教育カリキュラム・コンサルティングが求められる背景 ——————— 122
　　2. 経験年数別・役職別教育計画のケース ————————————— 122
　　3. ポイント式キャリアパス教育カリキュラム作成のケース ——————— 123
　　4. 年間教育計画の作成ケース ——————————————————— 124
　　　《掲載帳票・シート類》
　　　—1　【介護】部門　教育カリキュラム　126
　　　—2　ポイント式キャリアパス教育カリキュラム（実例）　128
　　　—3　グループホーム職員　教育計画（実例）　130

Category IX　部門別目標管理指導コンサルティングの進め方 ——————— 133
　　1. 介護事業所に目標管理制度が必要な理由 ————————————— 134
　　2. 介護事業所に定着させる【チーム目標管理制度】 ————————— 134
　　3. 介護事業所の目標管理がうまくいかない20の理由 ————————— 135
　　4. 【チーム目標管理制度】が成功するポイント（指導要領）————— 136
　　5. 【チーム目標管理制度】指導手順 ———————————————— 137
　　　《掲載帳票・シート類》
　　　—1　某老健施設でのチーム目標管理ドキュメント　140
　　　—2　介護事業所　行動計画・目標管理シート　142

Category X　改善活動指導コンサルティングの進め方 ————————————— 145
　　1. 第1ステップ（改善活動の動機づけ）——————————————— 146
　　2. 第2ステップ（改善活動の準備と人選）—————————————— 147
　　3. 第3ステップ（改善活動の実践）————————————————— 149
　　4. 第4ステップ（改善活動の評価）————————————————— 151
　　　《掲載帳票・シート類》
　　　—1　医療法人○○会『改善活動』の成果までの軌跡　154
　　　—2　改善報告書（事務）　155
　　　—3　改善報告書（デイサービス①）　156
　　　—4　改善報告書（事務チーム）　157

―5　改善報告書（デイサービス②）　*158*
　　―6　改善報告書（デイサービス③）　*159*
　　―7　改善報告書（記入ポイント）　*160*

Category XI　内務規程作成コンサルティングの進め方 ― 161
　1．内務規程（職場のルールブック）が求められる背景 ― 162
　2．内務規程の作り方 ― 165
　　《掲載帳票・シート類》
　　―1　業務指針・内務規程作成のための事前アンケート　*167*
　　―2　内務規程の詳細目次（参考）　*169*
　　―3　社会福祉法人○○会　内務規程（職場のルールブック）抜粋　*173*

Category XII　配点基準付人事考課作成コンサルティングの進め方 ― 183
　1．配点基準付人事考課作成が求められる背景 ― 184
　2．人事評価作成について幹部向けに説明会実施 ― 184
　3．人事考課の考課要素（項目と着眼点）の検討会の実施 ― 185
　4．人事考課表の配点基準の作成 ― 186
　5．管理者用の人事考課シートの作成 ― 187
　6．人事考課シートは検討しながらその場でパソコン入力する ― 187
　　《掲載帳票・シート類》
　　―1　一般職員人事考課シート　配点基準付（実例）　*188*
　　―2　一般職員人事考課シート　集計表（実例）　*190*

《Column ― My Way of Consulting》
　①裏情報に惑わされる介護求職者 ― *20*
　②キャリアカウンセリングの仕組みづくり ― *38*
　③給与が上がっても喜ばない職員…給与をやる気に変えるマネジメント ― *58*
　④ホウレンソウの漏れがなくなるチームの作り方 ― *74*
　⑤必罰（ケジメ）が必要な問題行動を具体的に明らかにする ― *96*
　⑥管理職のリーダーシップ教育のツボ ― *104*
　⑦「夜の連絡網」が職員の離職を加速させる ― *120*
　⑧メンタル面から介護職が離職する理由 ― *132*
　⑨介護事業所における重要なビジョンづくり ― *139*
　⑩小さな改善の積み重ねが職場を生き生きさせる―改善活動のススメ ― *144*
　⑪退職後に職員が問題を起こさないようにする誓約書 ― *182*

Introduction

介護事業所への経営コンサルティングの基本と進め方

1 これからの介護事業所への経営コンサルティングの方向性

1）介護事業所の差別化加速

「はじめに」でも触れたように、今後、介護サービスの報酬基準はますます厳しくなることが予想されるが、介護を必要とする人口が激増することは間違いない。行政の緊縮財政の影響によって、介護保険費用のかかる入居型施設は規制があって枠が少ないものの、個人営業のデイサービスや有料老人ホーム、サービス付高齢者住宅等は、今後ますます増えることが予想される。事業者が増えれば、当然そこに競争が生まれ、質の悪いサービス事業者は淘汰されていくのが自然の理である。

コンプライアンス経営（まともな経営）をしている多くの介護事業者は、他の介護事業者との差別化を図るために、さまざまな工夫と努力を重ねている。経営コンサルタントへのニーズもそこにあるのだが、経営コンサルタントとして立派なご託宣をどんなに並べても、「介護事業者の差別化につながる提案や指導」がなければ、相手にしてもらえない。

では「差別化」とは何か？　どこかの事業者がやっていることの単なる猿真似では、そもそも差別化ではないし、仮に導入しても継続も定着もむずかしい。差別化とは、その方策を施設長はじめ所員全員で考え、自分たち（事業所）のものにしていくことであり、コンサルタントの仕事とは、その道筋を示し、現場での行動につながるように促すことである。

コンサルタントのなかには、「経験」を重視するあまり、クライアントの現状を理解することなく、自分の経験したことのみをそのまま押し付ける人がいるが、これでは介護事業者の反感を買うだけである。また、それでは介護スタッフ自身の気づきに結びつかないばかりか、現場での協力も得られず、成果も出しにくい。

介護事業者へのコンサルティングで重要なのは、「気づき」を起こさせることである。コーチング的（傾聴の姿勢を前提に、コンサルタントのヒアリングにより、クライアントに考えさせ、クライアントに答えを出させる）な指導によって、「押しつけ」ではなく、自身の「気づき」から各種の対策を指導することである。

本書で述べていることは、経営品質を向上させるための各種対策実例であり、すべて「差別化」につながるものだ。これらを一方的に用いるのではなく、クライアントの状況に応じて、クライアントに考えさせながら、クライアントに導き出させるようにするのがコンサルティングの「コツ」といえる。

2）介護事業所の経営効率化ニーズ高まる

いま、介護事業所には、行政や利用者、また利用者の家族から、その問題自身に矛盾をかかえた多くの要求がなされている。次のようなものだ。

「サービスの品質を維持しながら、限られた人数で利用者・家族の最大限の満足を

図る」
「介護報酬減であっても、これまでと変わらない介護品質を保つ」
「人手不足であっても、他とのバランスがあるので、給与は上げられず、採用がしにくい」
「営業努力をして、多くの利用者を確保しても、上限を超えると減算対象になり、減収になってしまう」
等々——、その多くは一般企業でも同じような問題である。

したがって、経営コンサルタントとしては、こういった矛盾を少しでも解消するような経営効率の追求、サービス品質の追求、職員教育の充実、コストの削減等を考え、一緒に取り組んでいかなくてはならない。

本書においても、コスト削減や職員負担の軽減等について、ヒヤリハットを交えた改善活動を通じてのコンサルティング・ノウハウを紹介している。これらの問題は一朝一夕に解決するものではない。真の「差別化」とするためには、一つの基準や目安・目標を設定して、中長期に取り組んでいくことが望まれる。

2　介護事業所コンサルティングへの展開

1）さまざまな経営コンサルタントの形

介護事業所向けの経営コンサルティングにもいろいろな種類がある。一時多かったのは「補助金絡みで設立届出等を請け負うコンサルティング」である。このコンサルティングは、行政手続きに明るく、施設オープンまで面倒を見るパターンである。次に多かったのは、会計事務所等が行う「法人設立から各種申請、融資から税務まで」を中心に、会計の立場から各種支援を行うコンサルティングである。どちらもある程度の知識と業界指導経験が必要であり、このことが経験のないコンサルタントにとっては介護分野進出への足かせになっていた。

しかし昨今では、本書にあるように、介護業界指導経験だけではなく、「何をコンサルティングし、何をコンサルティングの結果として残すか」がコンサルタント選択の一つの判断基準にもなっており、「経営の基本」をベースにした「ベーシック・コンサルティング」を行うコンサルタントにも活躍の場が増えている。

2）中小企業経営コンサルティング市場の玉石混交と低価格化

今後、多くの企業経営コンサルタントは、当面はコンサルティング市場の収縮に向き合うことになるだろう。一部、事業再生コンサルタント等、脚光を浴びている分野もあるが、これまでのコンサルティング業界の流れを見ていると、時流に沿ったコンサルティング・メニューでは長続きしないように思う。

例えば、ISOのコンサルタントが華やかりし頃、猫も杓子もISOのPRに躍起になっていたが、過当競争の挙句、低価格化が進行した。それだけではなく、品質経営とうたいながらも、その事務作業の膨大さにISOの認証から離脱する企業も増え、ISOのみのコンサルティングは苦境に立たされている。

　また、販売や生産、飲食等の専門コンサルタントも、時代の変化や流行とともに大きくノウハウが変わることから、コンサルタント自身が変革し続けない限り、長期指導先はそう多くないのが実態だ。

　最近の傾向で言えば、団塊世代の定年退職者の増加や、コンサルティング業界の不況の影響で、コンサルティング・ファームを辞めて独立開業した人たちが増えている。彼らの一部には、仕事欲しさに低価格でクライアントへ営業を行う者もあり、競合が激化し、市場価格を一気に低下させている。個人で営業しているコンサルタントはもともと固定費が少なく、自分の生活費をベースに価格を決めればよいが、複数のスタッフを抱えて組織で業務を行っているコンサルティング・ファームは価格の基準が全く異なっているため、そうはいかない。

　さらに市場収縮に追い打ちをかけているのが、経営コンサルティング市場には「眉唾ものが多い」という現実だ。この業界は、誰でも、いつでも、名刺に「経営コンサルタント」と示せば、営業できる世界である。経験や知識だけがコンサルタントのすべてではないが、どこかのノウハウ本やWebで少しかじっただけで、「クライアントを実験台のように指導する」似非コンサルタントもいるのは事実である。

　企業経営コンサルティング市場がそういう状況のなかで、成長性が高い介護事業所のコンサルティングは、「企業よりはまだましなほうだ」という判断で参入しているのかもしれない。

3) 初めての介護事業所経営コンサルティング

　私たちが初めて介護・医療分野の経営コンサルティングに進出したのは、今から13年前ほどである。それまでは中小企業のコンサルティングを中心に行っており、介護・医療分野は完全な門外漢であった。

　それは、ある社会福祉法人の経営者と出会い、「企業のノウハウを入れた合理的な施設経営をしたいので協力してほしい」という依頼から始まった。特別養護老人ホームへのコンサルティングは初めてで、当然、業界知識もなかったので、一つ一つ現場の声を聞きながら手探りでコンサルティングを進めていった。新分野のコンサルティングで重要なことは、「クライアントから聞きながら進めること」であり、知ったふりをして指導しないことである。

　幸いだったのは、介護経営コンサルティングも、基本的な進め方は企業経営コンサルティングと同じであった点だ。次項で紹介している《介護経営コンサルティングの12カテゴリー》は、ベーシック・コンサルティングの位置づけであり、入所型の特養・

老健、有料老人ホームであれ、デイサービスであれ、人材や組織の課題として共通のものだ。

介護事業所のコンサルティングで最初に手を付けたのは、「職能を中心とした評価項目作成」であった。これは一般企業の職能要件書作成と同様に、職種別に「3段階3ステップ」に分けて、「職能資格基準フレーム」を作成していった。

「3段階3ステップ」とは、職員のレベルを「一般職」「監督職」「経営管理職」の3段階に分け、さらにそれぞれ3等級ずつに分類し、9等級にして資格基準を作るものだ。作成した職能資格基準に沿って、入所介護・通所介護・ケアマネ・訪問介護等の必要技能を整理していった。

介護事業所の経営については全く知識がなかったので、関連書籍や資料に目を通し、まず職能要件書の基本業務（排泄介助・食事介助・入浴介助・移乗介助・ケアプラン作成等）だけシートに記入し、その中身についてはクライアントの管理者と協議しながら埋めていった。最初から完璧なものは想定しないものの、管理者の意見を聞きながら作成する過程で、こちらで用意した「職能資格基準フレーム」に沿っているかどうかだけ随時チェックしながら作成した。そのチェックするという指導だけでも、クライアントの十分な信頼感は醸成されたようだ。

部門別の職能要件書を作成したあとは、「内務規定」と「作業別業務手順書」のコンサルティングに入っていった。

「内務規定」は、企業経営コンサルティングと全く同じ手法で、また、「業務手順書」は、パートナーのコンサルタントがISO9001のコンサルタントで、介護事業所への指導経験もあったことから、彼を中心に行った。

介護分野へコンサルティング進出できたのは、パートナー・コンサルタントの存在が大きかった。彼がいなければ、この分野に進出していなかったかもしれない。

あとは、この12カテゴリーを、3年間という時間をかけて展開していったのが、最初のクライアント先での取り組みであった。

これ以降は、紹介を受けたり、介護事業所向けのセミナーを自社主催で定期開催したり、他社主催の講師として介護事業所経営者向けの講演後のフォロー等を通じて、新たな介護事業所の経営コンサルティングを展開し、現在に至っている。

4）1つの経験から横展開

コンサルティングは、最初、介護施設（社会福祉法人）が中心であったが、介護関連事業所には老健施設（介護老人保健施設）もあり、その指導も展開することになった。すると、老健施設は医療法人の経営であり、当然病院へも展開の幅が広がった。特にパートナーのISOコンサルタントと共同で、病院向けのコンサルティング企画をかなり推進した。

病院も介護と同じように、「職能評価」「内規」「方針管理」「部門別目標管理」「改

善活動」「人事考課」、そして「賃金システム構築」へと展開していった。ただ、病院は「医療機能評価」の認証取得や、コンサルティングに入る前からかなりのマニュアルが存在していることもあり、「業務手順書」コンサルティングは、老健や在宅介護等の一部に限定された。

　経営コンサルタントとして一人前になっていくには、「一つの経験を横展開し、他の初めての業種に拡大していく発想」が非常に重要である。経験がないから尻込みするようでは、心もとない限りである。

　本書にもある《介護経営コンサルティングの12カテゴリー》は、ベーシック・コンサルティングであり、介護であろうが病院であろうが「ここまでできたから終わり」というものではなく、継続的に追求すべきテーマである。だからこそ、長期のコンサルティング契約になりやすいと考えている。実際に、介護事業所も病院も、コンサルティング期間は最低で3年、長期の場合は10年もある。スポット研修や契約どおりの1年で終了するようなものではない（ただし、コンサルタント自身の基本動作の不徹底や、倫理違反、組織を乱す指導等がなければ、という前提である）。

3　介護事業所コンサルティングをするうえでの実務

1）言葉だけの指導では長く続かない

　私たちが行ってきた経営コンサルティングの姿勢は、コンサルティング結果の"見える化"である。どんなに話し上手で説得力があっても、それだけではクライアントは納得しない。言葉だけの指導ではすぐ飽きられるか、マンネリになって、コンサルタント契約を解除されてしまうのが、この業界である。

　しかし、《介護経営コンサルティングの12カテゴリー》で示している実例を、クライアントと一緒に作成していけば、その結果がクライアント自身の財産になり、「このマニュアルは、5年前にあのSコンサルタントの指導で作成した」と、クライアントの歴史に足跡を残せるというものだ。

2）「現場に任せず、自ら司会・入力」が基本

　では、私たちはどのように多くの実例を、「見える」形でデータとして残せたのだろうか？　それは、コンサルタント自身が自ら「コンサルティングしながら入力」したからである。マニュアルづくりであれ、職能要件書であれ、理念・方針であれ、すべてコンサルタントが司会をしながら、その場でパソコンに入力していった。

　参加しているクライアントは、プロジェクターやあらかじめ配布されたプリントを見ながら、議論に集中する。このスタイルが、「RE-TBC式（RE経営、東邦ビジコン）現場コンサルティング」である。

自らパソコンに入力することで、議事録や検討データがその場で作成でき、終了後、即相手のパソコンに保存できる。この流れが確立すると、クライアントは本当に楽ができるし、コンサルタントに安心して委ねられるのだ。

　ベテランコンサルタントや似非コンサルタントのなかには、自分は指導的立場で一般論をいうだけで、司会も議事録も入力も、クライアント任せの人がけっこう多い。しかし、それではコンサルタントが指導したノウハウのようだけれど、実際に作成したのはクライアントであり、コンサルタントとしての指導結果にはならないのかもしれない。

4　社会福祉法人での10年のコンサルティング・ドキュメント

1）出会い

　この社会福祉法人は大分県臼杵市で介護施設と障害者施設を運営している社会福祉法人みずほ厚生センターである。今から11年前、ある企業が主催した病院・介護向けの経営セミナーで、私たちが講師をしたとき、経営者である大塚恭弘理事長（当時、施設長）が受講されたのがご縁の始まりである。

　大塚理事長は、もともと「利用者」という表現を好まず、「お客様」と表現し、「お客様が求めるニーズに対応するのが事業」である、という考えの持ち主であった。

　これは措置の時代が長く続いた福祉業者へのアンチテーゼでもあったようだ。利用者の都合ではなく、施設側の都合で対応したり、利用者へ上から目線で対応することを否定していたのだ。

　セミナーを通じて、私たちのコンサルティングの方針にも共感していただいたようで、お付き合いが始まった。まず、もともとあった経営理念の整理作業を行い、次に管理者を育成したいというニーズから「ジュニアボード」（青年重役の会議）をつくり、そこで、ジュニアボードメンバーを中心に各種方針や対策を実践していった。

2）コンサルティングの内容

　私たちは、頭ごなしに「こうしろ、ああしろ」というコンサルティングではなく、先述したように「こんな事例があるけれど、こちらの施設はどうですか」と、施設長や管理者に投げかけながら進めていった。

　この10年間に行ったコンサルティングを整理すると、

　①基本理念に基づく22の基本方針作成

　②施設ごと中期ビジョンとコスト戦略の作成

　③内務規定（Ver.1、Ver.2、Ver.3）の作成

　④カイゼン活動の導入と定期チェック

⑤作業別業務手順書作成支援
⑥業務手順書・4S 監査体制指導
⑦経営方針・部門方針のアクションプラン作成と定期チェック
⑧中期ビジョン見直し
⑨コーチング研修
⑩クレド作成
⑪マニュアル類棚卸支援
⑫会議、委員会機能棚卸支援
⑬キャリアパス型教育カリキュラム構築支援
⑭管理者別の職務権限、職務分掌作成
⑮考課者訓練を容易にする配点基準付き人事考課表作成
⑯毎月の経営会議での各種課題検討、対策立案

とにかくこの 10 年間、毎月、経営会議や職員研修会、勉強会等を織り交ぜながらコンサルティングを行い、それは今も継続している。

3) コンサルティングが続いた理由

それは、コンサルタントという立場から、この組織に必要な課題を常に考えているということが大きいと思う。そして、必要な対策があれば、まず事例を紹介して、この施設に合った形で一緒に作成していく。そのためか、各種対策を講じる度に管理者を中心に成長しているということが実感できた。特に、経営会議では私たちが司会をしながら、パソコンに議事録を入力し、また、作成データを私たちが管理し、いつでも、どこでも取り出せるようにしたのも大きい。

さらに、カイゼン活動や部門方針づくりと中間チェック、方針発表会、内規等、8 年以上継続している仕組みづくりが多くあることもその一因ではないだろうか。

手前味噌ではあるが、コンサルティングにあたって、私たちは「社外役員」という認識を持っている。実際の理事ではないものの、経営の仕組みづくりについては、社外の理事以上に課題の把握ができ、また相応の責任があると自負している。

5　介護事業所コンサルティング 12 カテゴリーの目的と必要性

①カテゴリーⅠ　基本理念・経営理念・クレド構築コンサルティング実例

経営理念の必要性は、改めて説明することもないほど一般化してきている。経営理念とそれに関連する方針をコンサルタントが一緒に構築するということは、その介護事業所の歴史づくりに関与できることであり、一生の付き合いになる可能性があるコンサルティングである。

本書では、某社会福祉法人のクレド（信条）の実例や、中期ビジョンまで入った「経営理念説明冊子」の実例を紹介している。特に、「経営は目先のテクニカルなことではなく、思想が大事である」という価値観を持った経営者や管理職には、コンサルティング当初より受け入れられているものである。

②カテゴリーⅡ　中期ビジョン構築コンサルティング実例

　介護報酬や行政の方針がいかに変わろうが、現時点での中期経営計画を立て、ビジョンを明確にするのは、施設長はじめ、幹部や職員のモチベーションにも直結する。最低３年または報酬改定に合わせて２年×２回で４年の中期ビジョンをコンサルタントのリードでクライアントと一緒に検討していく。介護業界の将来像は、ある意味誰にもわからないものだ。したがって、本書では「どういう組織にしたいか」「どういう差別化をしたいか」を中心にビジョンを決めていく実例を紹介している。

③カテゴリーⅢ　SWOT分析支援コンサルティング実例

　SWOT分析を理解し、導入している介護事業所の経営者は増えている。老施協や福祉関係の施設長・管理者研修等でも取り上げられている。しかし、まだまだ表面的な「強み」「弱み」「機会」「脅威」を整理するだけのSWOT分析も多いようだ。

　ここでは、クロス分析まで落とし込んで、「強み」と「今後の外部環境での機会」を項目ごとに絡めて、より具体的な戦略や対策を立案するように指導する。そのクロス分析で出た戦略や具体策が、中期ビジョンや単年度の経営方針に反映されるのである。そういう意味で、SWOT分析支援コンサルティングはコンサルタントにとって必須の能力といえる。本書では、特養、デイ等の具体的な実例を紹介している。

④カテゴリーⅣ　部門別年度方針・行動計画作成コンサルティング実例

　多くの事業所で「事業計画」は立案されている。ただし、それは方針や理念が中心であり、途中でチェックができるような行動計画（アクションプラン）になっていないケースが多い。また、小規模の介護事業所では、現場業務に忙殺されてしまい、「行動計画をつくり、定期チェックをしている」ところは、少ないようだ。

　本書では、入所・通所の他、在宅各セクションの行動計画や対策の実例を紹介している。

　行動計画は、「PDCA（プラン・ドゥ・チェック・アクション）サイクル」の基本部分になり、コンサルタントがタッチしやすい分野といえる。

⑤カテゴリーⅤ　部門別・等級別職能要件書作成コンサルティング実例

　職員が、「どのような介護技術を学び、どう貢献すれば給与が上がるか」、具体的な作業名・技能名を、経験レベル別に網羅したのが「部門別・等級別職能要件書」である。

これがあることによって各職員は技能目標の設定ができ、早期の自立教育が可能となる。また、職員が将来、「何年かけて、どういうレベルを目指すべきか」までが明確になることで、キャリアパス（昇進を可能にする職務経歴）としても活用できる。

本書では、詳細な職種別の実例を一部紹介しているので、この実例をもとに「職能要件書」作成コンサルティングの足がかりとすることができよう。

⑥カテゴリーⅥ　役職別職務権限表作成コンサルティング実例

小規模事業所にはあまり影響はないが、ある程度の職員規模になると、「誰が、その決定権や提案権をもつのか、誰に聞けば判断してくれるのか」を、ある程度文書化して、明確にする必要がある。しかし、書店で手に入るような一般の大組織がベースとなっている職務権限表を利用しても役に立たないので、本書では、中小規模の実状に合わせて「わかりやすい職務権限表」の実例を紹介している。この実例をもとに、職務権限を議論しながら作業すれば、迅速に作成することができる。

⑦カテゴリーⅦ　部門別・作業別業務手順書作成コンサルティング実例

本書では、ISO9001取得介護事業所の実例をベースに、部門別・作業別の業務手順書の一部実例と、組織運営に必要な各種規程の一部を掲載している。

トラブルや問題行為が発生した場合、手順書があることで、どこで間違っていたかが明確になり、再発防止の教育がしやすくなる。

コンサルタントが実務的な作業すべてを知る必要はなく、実例をもとに、「貴施設では、この手順の場合、どこがどう異なっていますか」と確認しながら、その施設のオリジナルを作成すればよい。マニュアル類が整備されていない施設では、細目が網羅されている本格的なマニュアル書より、この手順書のようなシンプルなマニュアルが重宝され、継続して活用されやすい。

⑧カテゴリーⅧ　教育プログラムとカリキュラム作成コンサルティング実例

教育カリキュラムは、単に外部研修を受けるだけではなく、施設内でいかに教育システムを確立させるかがポイントである。そのためには「どういう教育を、誰が、いつまでに行うか」が重要であり、教育スケジュール、教育を受ける人、また教育をする人の一覧表を作成する。全員で計画的に教育を進めるための必須ツールである。

⑨カテゴリーⅨ　部門別目標管理コンサルティング実例

目標管理は、「人事評価のため」というよりは、部門の目標統一、価値観共有、コミュニケーションのレベルアップのために必要な管理手法である。特に、抽象的な目標や個人の技能目標になりがちなことの多い介護事業所のなかで、本書のように、「数値展開し、具体的な行動目標まで落とし込む」考えは、今後ますます支持される進め

方だといえる。

⑩カテゴリーⅩ　部門別改善活動コンサルティング実例

　企業では一般的になりつつある「改善活動」について、介護事業所において長年指導してきた実例を詳細に掲載している。特に、「コスト削減」「職員負担軽減」「ヒヤリハット対策」に重点を置いた、改善活動の約50の実例は、そのままコンサルテーションとして提案できるものである。

　ここで述べる「改善活動」の指導は、「即効性のあるコンサルティング」「具体的な職員教育につながる指導」「前向きなモチベーション教育の展開」が期待できる、現場職員も喜ぶコンサルティング実例でもある。

⑪カテゴリーⅪ　内務規定（職場のルール）作成コンサルティング実例

　多くの事業所では、就業規則はあるものの、現場の実状を配慮した不文律のルールは文書化されていない。この内務規定（職場のルール）は、「こういう場面では、こういう気遣いや判断をしてほしい」という利用者の立場や施設経営の立場に立った、「独自の決まり事」を文書化している実例である。

　経営者や管理者の立場になれば、このコンサルティングの必要性は十分に納得され、多くの施設で作成の要望が高いものである。

⑫カテゴリーⅫ　人事考課表作成コンサルティング実例

　これは、一般的な、曖昧な考課項目が列挙された人事考課表ではない。もともとの目的は、「考課者訓練の不要な人事考課」を目的に開発され、実際に複数の施設で作成された実例を掲載している。

　人事考課項目は、「より具体的な表現により感覚評価の比重を少しでも抑えられる」ことを基本に作成されている。この人事考課シートは企業でも評価が高く、また導入された介護事業所でも、「管理者が評価しやすくなった」と評判のシステムである。

　次項から、この12コンサルティング・カテゴリーごとの進め方や実例を紹介していく。

My Way of Consulting ①

Column　裏情報に惑わされる介護求職者

　「求人を出しても、なかなか人が集まらない」、そんな話をよく聞く。ハローワークに行っても、求人広告を見ても、医療介護従事者の募集は至る所で目につく。

　今は、看護職も介護職も求人先を選べる立場にあるので、少しでも良い条件の職場をと考えるのは当然のことだろう。その"良い条件の職場"を探すときに、知り合いや同じ職種の人たちのネットワークを通じて、「裏情報」「口コミ情報」がいろいろと耳に入ってくる。さらに、ネットにはたくさんの情報が溢れている。

　しかし、すべての情報が、正しく、良識的なものならよいが、なかには首を傾げたくなるような情報もある。ほとんどの情報は医療・介護スタッフ側から出ているものだから、どうしても主観の混じった偏った情報になることがあるかもしれない。

　もちろん、医療・介護スタッフが正しくて、すべて経営側が悪いということではない。組織で起こった出来事というものは、立場によってその評価は違ってくるものだ。また、管理者クラスが知っている情報と、辞めた職員が知っている情報では、全く質が異なることもよくあることだ。しかし、就職をしようと情報を集めている人たちにとって、すべての情報を信じているわけではないにしても、やはり気になる材料ではある。

　以前、お手伝いしていた医療法人で、「給料が上がらない」といって辞めた職員がいた。その後、その辞めた人の知り合いという人がたまたま面接に来られた。すると、「知人から、この事業所は給料が上がらないと聞いたのですが、定期昇給とかはないのでしょうか？」と、最初から不信感を持っているかのような質問をしてきた。

　そこで、人事評価の方法や昇給の仕組みを詳しく説明し、実際に給料が上がった事例を話したところ、不信感も消え、納得してもらえたようだった。

　ここで問題なのは、「給料が上がらないから辞めた」といった元職員である。実は、その元職員は、勤務態度に問題があったため、定期昇給はあったものの等級降格があり、給料が下がっていたのだ。そういう自分自身の問題は棚に上げて、「給料が上がらない」と平気でいっていたのだ。

　この医療法人の場合、給与水準はほどほどであったが、人事評価や昇給等の仕組みはきちんと整備されていた。

　支払える給料が、その事業所の経営状況によって限られるのは仕方がないことで、すぐに改善できるような問題ではない。それならば、人事評価や賃金制度をきちんと整備し、「頑張る人にはきちんと応えます」と、アピールできるポイントを持つことが大事ではないだろうか。

　やる気のある人や頑張ろうと思う人なら、きちんと評価してもらえるということは、仕事をするうえでも安心できるし、頑張りがいもあるので、就職を考える際にはプラスの要素になるはずだ。

Category I

基本理念・
基本方針から
クレド作成
コンサルティングの進め方

1 基本理念・基本方針・クレド作成が求められる背景

　介護施設であれ、企業であれ、「経営理念」の重要性はいまさらいうまでもないだろう。これを単なるお題目やキャッチフレーズと考えているコンサルタントがいれば、いずれ大きくつまづくことになる。**経営にとって、思想、姿勢、精神がいかに重要か**、こういった理念の確認、構築はコンサルティングの**基本中の基本**といえよう。

　「基本理念・基本方針からクレド作成」が求められる背景は、以下の4点に集約される。ちなみに「クレド」(Credo)とは、「信条」を意味するラテン語で、一般に「企業の信条や行動指針を簡潔に記したもの」を指す。クレド（カードなど）を導入している企業では、この仕組みを従業員の自主的な行動を促すためのツールとして利用している。ザ・リッツ・カールトンやジョンソン・エンド・ジョンソンのクレドが有名だが、企業の理念と行動を一体化して示したもので、「**言われて動くのではなく、クレドに従って自己判断できる従業員**」を育成するための仕組みである。

---

①「基本理念」や「基本方針」づくりのコンサルティングはコンサルテーションのなかではあまり実務的ではなく、効果も出にくい分野であるが、この「**基本中の基本**」を介護事業経営者と一緒に構築することで、**最高の信頼感**につなげることができる。

②**経営の根幹部分を一緒に構築することで長期顧問契約につながりやすく、参加管理者とも人間関係ができやすいコンサルテーションである**。

③施設独自の普遍の真理をクレドや冊子にすることで、**長期間にわたって活用されるので、生涯のお付き合いになりやすい**。

④目先の効果を狙う実務的コンサルタントや研修専門家では味わえない、**コンサルタントとしての王道に近い醍醐味を体感できるコンサルテーション**である。

---

2 必要性の説明

　では、この「基本理念・基本方針・クレド」をいかに介護事業経営者へ説明するか。「理念」は**単なるお題目ではないことをわかりやすく説明**する必要がある。その説明のポイントとして、次の6点をあげる。

---

①多くの施設では「基本理念」「基本方針」等が掲示されているが、単に掲示されているだけで、その活用はできていない。

②活用とは、「その思想を末端まで**根付くように教育すること**」である。

③そのために、「基本理念」「基本方針」をより簡易な言葉で分解し、**冊子やテ**

キストとして作成する必要がある。
④いかに立派な思想でも、「眼で見て教育」しなければ、職員にはなかなか理解されない。
⑤クレドに、基本理念から導かれた各種の価値観や姿勢が書かれていれば、それを見て反省する機会も増える。
⑥具体的活用手段としては、クレームやトラブルが発生した時に、「基本方針・クレドのどの姿勢に反していたから起こった」などと反復することで、活きたものになる。

3　経営者・幹部と協議しながら一緒に作成

「基本理念・基本方針・クレド」の構築・支援は下記の流れで行う。

(1) 会議形式で数回に分けて作成する

①研修方式でも会議方式でもよいから、コンサルタントが司会をしながら進める。(相手任せにしない)
②クレドの長さにもよるが、およそ5回未満の協議で作成し終えるようにする。(検討会を長くすると参加者が飽きるから)

(2) まず、経営者と「基本理念」「基本方針」の言葉分解作業を行う

①理念に使われている各ワード(名詞や形容詞、動詞)を一つずつ、意味合いの説明書きをつくる。
②言葉に隠れている経営者の真意を上手に(適切に)文書化する。

(3) 参加する幹部クラスに宿題を出す

①基本理念の言葉分解作業後に、価値観、基本方針について、「この理念に沿ってどのような姿勢が必要かの宿題」を出す。
②宿題のカテゴリーは
　・利用者に対する姿勢
　・地域に対する姿勢
　・職員仲間に対する姿勢
　・介護品質に対する姿勢　等

> ③あまり長文にならないようにする（1文30文字以内）

（4）検討会では、コンサルタントがPCに入力し、全員に見せながら作成する

> ①コンサルタントはパソコンに全員の意見を入力しながら、プロジェクターで投影する。
> ②参加者は、プロジェクターを見ながら協議する。
> ③各自の宿題発表から、似たような表現や方向性は1つに集約し、箇条書きで入力する。

（5）文言の見直し

> ①参加者の意見を整理し、次回会議までにコンサルタントが文章にしておく。
> ②この文章化作業はコンサルタントの腕の見せどころである。

I-2の**特別養護老人ホーム○○園基本理念・基本方針・クレド実例**を参考に、最終的なアウトプットをイメージしてもらいたい。

4 現状の「基本理念」「基本方針」の分解

まず、基本理念・基本方針は経営者の思いが入っているから、経営者と個別面談で、言葉の分解作業を行う。

> ①経営者にも検討過程が見えるように、パソコンに入力しながら、それをプロジェクターやモニターに投影して進めるとよい。
> ②基本理念・基本方針には、**それぞれ普通名詞や固有名詞・動詞があるので、それぞれの意味合いを箇条書き**にする。
> ③箇条書き後、次に会うまでにコンサルタントが文章を整理しておく。

5 基本方針・ビジョンアンケートから文言を抽出

基本理念を受けた基本方針や求められる管理者像等のキーワードを捻出するため、管理者にアンケートに答えてもらい、方針や姿勢に関する文言を導き出す。

> ① I-1 の「基本方針・ビジョン・施設方針に関するアンケート」を、管理者へ説明のうえ配布し、1週間以内に回収する。
> ②回収されたアンケートから、意見を次の4つに分類する。
> ・利用者に対する姿勢
> ・地域に対する姿勢
> ・職員仲間に対する姿勢
> ・介護品質に対する姿勢　等
> ③分類した結果をコンサルタントが集計して、同じような表現はまとめておく。
> ④そのアンケート結果から、**多用されたワードや文言をベースに、基本方針を箇条書きでコンサルタントがたたき台を作成**する。
> ⑤そのたたき台をもとに、施設長や管理者と協議しながら、「この表現でよいか、他に言いたいことはないか」と確認しながら、まとめていく。

6　求められる職員像、管理者像を明文化

　求められる職員像、管理者像の文書化とは、「経営理念」「基本方針」を受けて、「**こういう人材が当施設では必要であり、評価が高い**」ことを明示することを意味する。

(1) 管理者参加の検討会で、どんな職員像が求められるか、箇条書きで記入する

> ①すでに経営理念の説明書き、4つのカテゴリーの方針が確定した後なので、それを受けて必要な要求事項を整理する。
> ②この求められる職員像は、**その後の人事考課の項目にも活用**されるので、なるべく具体的な表現を心がける。

(2) 経営者との個別面談で、「求められる管理者像」を箇条書きで記入する

> ①「求められる管理者像」は、**「経営者がどういう管理者になってほしいか」**を表現してもらうことである。
> ②理念や方針も参考になるが、管理者の場合はマネジメントや人材育成、管理、品質等の要求になるので、参考資料として、事前に一般的な管理者評価項目のサンプルを準備したほうがよい。

■ I-1　経営理念・ビジョン・施設方針に関するアンケート

施設名	
氏　名	

※本アンケートは施設の経営理念・ビジョン・経営方針を構築するにあたり、重要なキーマンとなる特定管理者に本音を書いてもらい、今後の職員教育の参考にするものです。
※本アンケートを通じて、少しずつ、経営者と管理者が双方で話し合いながら、施設経営を組織的に、理想的に整理し、これからの施設の基準となる発想、行動、指標を創り、ここに集うすべての従業員の精神的なバイブルにするものです。

I　あなたが勤務する施設の社会的使命、施設の存在価値は何だと思いますか？
　（箇条書きで、複数回答可）
　　※何をするために必要な施設か、その施設があることで、入所者・利用者はどのように幸せになるのか

1	
2	

II　あなたの施設の他施設と比較して良いところ、自分で感じる良い点を、客観的に具体的に箇条書きで書いてください。

1	
2	
3	

III　「ここは改善しなければならない」と思われる施設の問題点を、箇条書きで具体的に書いてください。

1	
2	
3	

Ⅳ あなたはどんなときに、働きがい、やりがいを感じますか？ 箇条書きで、できるだけ具体的に書いてください。

1	
2	
3	

Ⅴ あなたはこの施設及びグループとして、将来、地域や利用者にどのように貢献することが望ましいと思いますか？
※あなたが考える施設及びグループの将来ビジョンについて、あなたの理想を箇条書きで具体的に。

1	
2	
3	

Ⅵ あなたが勤務する施設の従業員には、どのような姿勢で仕事をすることが求められていますか？ あなたが望む従業員の理想像を箇条書きで具体的に記入してください。

1	
2	
3	

Ⅰ-1 経営理念・ビジョン・施設方針に関するアンケート

■ I-2　特別養護老人ホーム○○園　基本理念・基本方針・クレド（実例）

○○園　基本理念・基本方針　目次

1. 基本理念・基本方針作成にあたって
2. ○○園のクレド
3. ○○園の基本理念
4. ○○園が目指す施設とは
5. ○○園の介護心得
6. ○○園の職員心得
7. ○○園の管理者心得

1. 基本理念・基本方針作成にあたって

　少子高齢化が進むわが国で、老人福祉へのニーズは今後増えることは容易に予想されます。当施設はその一翼を担い、地域の利用者になくてはならない存在とならなければなりません。いかに施設が立派でも、いかに経験豊富な職員を多数抱えていても、それだけで、利用者に満足される施設になれるわけではありません。大事なのは、そこで働く私たち当事者が、どういう心根で、利用者に接しているかです。

　現場では、いろいろご苦労なこともあり、時にはスランプに陥ったり、感情的になったり、余裕のない気持ちになることもあるでしょう。そんなときに、自分自身を助けてくれるのが、「なぜ、私たちはこの仕事をしているのか」という使命感であり、自分の存在価値です。

　社会福祉施設は他にもたくさんあります。そのなかから当施設が「選ばれる理由」が必要なのです。そして、その理由こそ、私たち職員の考え方、行動そのものと断言できます。特に、判断に迷ったとき、行動に迷ったとき、自己反省するときなどは、この理念に記した言葉と照合し、行動規範としていただきたいと思います。また、これからもここに書かれた理念や方針を遵守し、行動に移すことで、私たち職員が当施設で、「喜びをもって働き、この施設で働けて本当によかった」と思えることが大変重要です。

現場や施設経営で起こる様々な矛盾や問題を解決し、乗り越え、そして「ご利用者満足」という結果を出すことに喜びを見出せる職員は、ただ年齢を積み重ねるだけではなく、そこに人間としての成長を感じ取ることができるはずです。仕事を通じて、人格を向上させ、人様のお役に立つということが可能なのです。
　しかし、ただ単に同じような日常を送り続けるだけでは、自己の成長はありません。どういう価値観で、どういう仕事の思想を持つべきかも、この冊子にはわかりやすく記したつもりです。さらに、当施設が将来どのように、社会福祉・地域貢献をしていくかという中期のビジョンも策定しました。このビジョンを通じて、今ここで働く職員の方々のライフプランの一助になればと思います。
　人も経営も下記のことが普遍の原則です。
　　　「使命なくして、ビジョンなし、ビジョンなくして、計画なし、
　　　　計画なくして、実行なし、実行なくして、結果なし、
　　　　結果なくして、満足なし、満足なくして、使命なし」
　事あるごとにこの冊子を利用し、利用者の満足度の向上と、職員の自己実現のために生かしていきたいと考えます。

特別養護老人ホーム○○園
理事長　○○○○

2．○○園のクレド

> 1　私たちは、どんなときも「気配り・目配り・心配り」の3配りを徹底します。
>
> 2　私たちは、「自分がされて嫌なこと」は、絶対にご利用者やご家族に行いません。
>
> 3　私たちは、自己都合よりも、利用者都合、チーム都合を優先します。
>
> 4　私たちは、声を掛けるとき、また声を掛けられたとき、必ず笑顔で接します。
>
> 5　私たちは、まず自分が喋るよりも、相手の話を聞くほうに比重を置きます。

I-2　特別養護老人ホーム○○園　基本理念・基本方針・クレド（実例）

3. ○○園の基本理念

> 愛情・親切・信頼のまごころ介護

愛情とは

一、我々従事者が、入居者・ご利用者に対して持つものである。
二、ご利用者の立場に立って、「今何をしてほしいか」を慮り、応えることである。
三、そして、その要望や潜在的なニーズに思いやりと真心をもって応えることである。
四、読んで字のごとく、親身になって自分の親・身内のつもりで接することである。
五、下の世話も、仕事だからという姿勢ではなく、身内として応対することである。
六、結果的に、ご利用者に喜びを感じてもらうことに、喜びを感じることである。

親切とは

一、形式ではない、心からの思いやりを持つことである。
二、気配り・目配り・心配りを常にすることである。
三、自分がご利用者なら、「こんなことはされたくない」ということをしないことである。
四、自分がご利用者なら、「こんなことをしてほしい」ということをしてあげることである。

信頼とは

一、入所者・ご利用者、地域、行政、家族、職員すべてから信頼されることである。
二、長期的な信頼関係のためには、施設経営をいかなる状況下でも安定させることである。
三、尊い人の生命を預かる仕事である以上、絶対の信頼感があって当たり前である。
四、正しい作業を正しいルールに則り、公明正大に業務を行うことである。

これらの思想と考え方で、まごころ介護を行うことが当施設の基本理念である。

4．○○園が目指す施設とは

(1) 褥瘡を絶対作らない施設を目指します
(2) ご利用者が絶対安心して任せられる施設を目指します
(3) 介護・援助が、○○県で1等賞の施設を目指します
(4) 自分が利用したくなる施設を目指します
(5) 介護プロ職員集団の施設を目指します
(6) 職員参加型の施設経営を目指します

5．○○園の介護心得

(1) 目くばり、気くばり、思いやりのまごころ介護
(2) 自然体で表現しよう！（親しみをこめた対話）
(3) 介護の仕事の本質を研鑽しよう！
(4) 良かったこと、失敗したこと、素直に報告しよう（隠さない！）
(5) みんなでホウレンソウ（報・連・相）を育てよう！
(6) 利用者の貴重な人生の灯を、私たちの援助でさらに輝かせましょう！
(7) 笑顔の花（華）を咲かせましょう！

6．○○園の職員心得

(1) 「なぜ、この仕事をしているのか」、福祉従業者としての使命感を常に自己確認しながら、ご利用者のために「自分は何をなすべき」を考えることが、自発的なやる気につながる。
(2) 「上司・先輩が悪い」「ご利用者が悪い」と他人を責める前に、自分の行動言動に落ち度はないか、十分反省しよう。他人への批判はそのあとからでもよい。
(3) 笑顔で挨拶！　言葉づかいは丁寧に！を旨とする。
(4) 福祉の使命感に燃え、介護のプロ職員を自覚する。
(5) ご利用者の権利の代弁者であることをいつ何時も忘れない。
(6) 「知識＋経験」を高め、「社会福祉の知恵」の研鑽を深め、自己の成長を図る。
(7) 無造作に日々を送らず、豊かな感性を高める（感動創造倶楽部の実践）
(8) 「自分がしてほしいことを他人へ施せ」「自分がしてほしくないことは他

人にはしない」、それが、信頼され、他人からも支援・援助される基本である。
(9) 信頼の原点は、秘密を守ること。ただし、報告義務は怠ってはいけない。
(10) 「自分がここで何ができるか？」を考え、肯定的に仕事に取り組む。嫌々ながらでは、ご利用者にご迷惑である。
(11) 欠点をあげつらうのは簡単。批判的な姿勢ではなく、常に「自分なら改善するにはどうすべきか」を考える。
(12) 時間と金のあり方で素性がわかる。公私のケジメはしっかり付ける。
(13) 「習慣だから」「先輩もしているから」と現状を変えないのは、問題意識、利用者満足度を考えない証拠。常に問題意識を持ち、創意工夫し、進言しよう。
(14) 職員全員が、○○園のイメージとご利用者および家族・地域からの信頼づくりに関係している。自分の一挙手一投足に注意し、園の好感度アップを図ること。

7. ○○園の管理者心得

(1) ご利用者・ご家族の声の代弁者であること
(2) 職員のよき理解者であること（愛情ある指導者を目指すこと）
(3) 他部署との連携及び協働に努めること（自部門・自己優先主義にならないこと）
(4) 部下のやる気や能力開発を促進し、職場活性化に努めること
(5) 職員の指導技術の研鑽に励むこと
(6) 公平・公正な職員の評価を行うこと（私的感情に流されないこと）
(7) 気づきの対話の実践をすること
(8) 部下にコスト意識を持たせ、納得がいくように動機づけすること
(9) 問題を先送りせず、現地・現場・現時の3現主義で解決すること（問題から逃げないこと）
(10) 迎合せず、建設的な妥協に努めよ！
(11) 常に謙虚に、多方面からの意見・苦言に耳を傾け、決して自己中心主義に陥らないこと
(12) 部下から尊敬される管理者を目指しつつ、迎合しないこと

Category II

中期ビジョン作成
コンサルティングの進め方

1 中期ビジョン作成が求められる背景

　介護保険制度の改正や報酬の改定は、一施設がどうこうできる問題ではない。しかし、**自法人・自施設独自の動きで事業展開可能な事項**を、経営陣と一緒に模索しながら文書化することで、経営者の評価が高くなるコンサルテーションである。

　中期ビジョンとは3〜5年の期間を指し、**その間に介護報酬・介護保険法の改正**が必ずある。そのなかで、自施設が目指す方向性を決めることで、**経営者や管理職、職員のやりがいにつながり**、職員へ明示できる目標となる。

2 中期ビジョンシートへの記入

　II-1の**中期ビジョンシート**へ下記の要領で記入していく。本来なら、分析があって中期ビジョンや中期経営計画に展開していくのが一般的であるが、次章にSWOT分析の手法を用いた中期戦略の展開方法を紹介しているので、ここではヒアリングをしながら、中期ビジョンを文書化する方法を示す。

(1) パソコンで入力しながら、全員に見せながら作成する

> ①コンサルタントは、パソコンに全員の意見を入力しながら、プロジェクターで投影する。
> ②参加者は、プロジェクターを見ながら協議する。

(2) 「今後3か年の経営環境」をヒアリングしながら、パソコンに入力する

> ①介護保険法の改正予定
> ②行政（国、県、市町村）の方針や展開予定
> ③同業者の競合状況や利用者ニーズから、変化が確定している事項

(3) 「伸ばす分野」をヒアリングしながら入力する

> ①「伸ばす分野」とは、既存事業や施設状況で、強化するサービスや施設展開である。
> ②特に、他施設との差別化につながるような内容を重点的にヒアリングする。

（4）「挑戦する分野」をヒアリングしながら入力する

> ①「挑戦する分野」とは、この3か年に新たに取り組む内容である。
> ②新サービスの導入や新施設展開、新規事業等が含まれる。

（5）「それに合った組織展開・事業規模」をヒアリングしながら入力する

> ①上記の新サービスや事業展開を実施するにあたって、必要な人事対策を中心にヒアリングする。
> ②職員の採用や新人事制度の導入計画を入れる。

II-2 に**中期ビジョンの実例**を掲載しているので、参照していただきたい。

■ II-1 介護事業部 中期ビジョン（20XX〜20XX年）シート

		20XX年（HXX年）	20XX年（HXX年）	20XX年（HXX年）
	経営環境（行政制度、今後の動き）			
法人・特養	伸ばす分野（既存事業）			
	挑戦する分野（新規事業）			
	それにあった組織展開・事業規模			
デイサービス	伸ばす分野（既存事業）			
	挑戦する分野（新規事業）			
	それにあった組織展開・事業規模			
居宅・ヘルパー	伸ばす分野（既存事業）			
	挑戦する分野（新規事業）			
	それにあった組織展開・事業規模			

■ II-2 介護事業部 中期ビジョン（2010〜2012年）実例

		2010年（H22年）	2011年（H23年）	2012年（H24年）
	経営環境（行政制度、今後の動き）		・市町村で地域保健福祉計画、老人福祉計画の見直しで介護保険料が決まる	・新報酬体系
法人・特養	伸ばす分野（既存事業）	・（仮）第2○○の里の検討開始	・第2○○の里の建築開始	・第2○○の里のオープン
	挑戦する分野（新規事業）	・看取の強化維持…正看次第（正看の確保と育成） ・公文式学習療法の出張形式で各地で展開（市の補助金を要請）その後の施設利用者の見込み客の囲い込み ・低所得者向け高齢者アパートの研究		
	それにあった組織展開・事業規模	正職員は現状（退職補充程度）		第2○○の里では採用
デイサービス	伸ばす分野（既存事業）	第2デイサービスの可能性、物件、調査	第2デイサービスの既存物件の改修、賃貸か所有（または、第2○○の里と併設）	・第2デイサービスのオープン
	挑戦する分野（新規事業）	・公文式学習療法の出張形式で各地で展開（市の補助金を要請）その後の施設利用者の見込み客の囲い込み		
	それにあった組織展開・事業規模	正職員は現状（退職補充程度）		第2デイサービスオープン時に採用
居宅・ヘルパー	伸ばす分野（既存事業）		ヘルパー養成講座の継続によるヘルパーの確保と育成	
	挑戦する分野（新規事業）	介護部門として障害ヘルパーを育成する	学習療法による利用者情報をケアマネにつなげ、利用者件数の増加を図る	○○で障害のヘルパー事業所を設立
	それにあった組織展開・事業規模			第2特養、第2デイサービスのオープン時には、ケアマネ2名の追加

My Way of Consulting ②

Column　キャリア・カウンセリングの仕組みづくり

　縁あって介護事業所に入職したにもかかわらず、退職するケースが多いのもこの業界の構造的な問題かもしれない。

　退職には、「家族の都合」や「健康問題」「適性の不一致」「将来ビジョンの不整合」「職場内の人間関係」など様々な理由があり、退職を慰留しても、なかなか意志の変わらないこともある。最近、そんな退職理由のなかで、「職場の人間関係」「ビジョンやキャリア」をあげるケースが、若手を中心に多くなっている。

　前者は、「目の前の問題からの退職」、後者は「将来の問題からの退職」といえるが、多くの介護事業所では、こういった問題に対して、事前に手を打てないのが現状だ。

　そこで、私たちがアドバイスしているのが、「コーチング」と「キャリアカウンセリング」というコミュニケーション・システムである。

　「職場の人間関係」は、相手がある問題であり、どちらが一方的に悪いと決め付けることはできない。また、人間関係を悪化させている当事者（相手）を下手に指導しても、さらなる悪化の要因になりかねない。組織としてできることは、相手に悪い感情を持たせない程度の指導と、配置転換等の回避策を提示することくらいだろう。

　しかし、ここで大事なのは、指導する立場の人たちが、コミュニケーションの異変を早めに察知し、悩んでいる職員の声に耳を傾け、一緒に考え、心を楽にする援助ができるかどうか、ということだ。

　人間関係で悩んでいる職員には「一方的な被害者意識」を持っているケースがある。少しきつい言い方をされただけで、「自分は嫌われている」などの感情を抱いてしまい、自分自身を冷静に見ることができなくなる。そういう状態に固まってしまう前に、早めにコミュニケーションをとり、会話や面談を通じて本人に多面的な考え方を気づかせる必要がある。それが「コーチング」の会話の本質である。それはまた、即、アドバイスや指導をするような面談や会話ではない。寄り添うように、一緒に解決に導くための、いろいろな視点の持ち方を経験させることだ。

　「コーチング」の必要性はわかっていても、日常の忙しさのなかで、管理者がそのような余裕を持てないケースが目立ってきている。そこで、経営サイドには、管理者へコーチングをする経営幹部の研修をしたり、仕組みをつくることが求められる。コーチングを受けた経験がなければ、部下にコーチングができないからだ。

　次に「将来の問題による退職」は、「このまま今の仕事を続けても自分のビジョンやキャリア形成にプラスにならない。もっとステップアップしたい」という有能な若手や高学歴者に多い傾向だ。これは、具体的なキャリアプランを仕組みとして用意することと、それをしっかり伝え、本人の目標に落とし込む作業が必要である。

　「キャリア・カウンセリング」とは、そのような目標管理を管理者と一緒に考え、時にアドバイスをしたり、時に本人に考えさせることである。

　キャリアプランでは、まず、何年後にどのような業務、マネジメントができれば、どういう職位になって、賃金上昇はどれくらいになるか、ある程度見えるようにする。これは、職能資格制度、役割等級制度などと呼ばれるもので、どの介護事業所にも必須の制度だといえる。これがないと、今の職場で頑張るためのモチベーションが生まれず、積極性も出てこない。

　人には、将来の希望のためなら今の苦痛に耐えることができるが、将来に希望が見えなければ、新たな環境を目指して飛び出すという本質があるものだ。

Category III

中期ビジョン作成のための
SWOT 分析
コンサルティングの進め方

1 SWOT 分析による中期ビジョン作成方法

中期ビジョンを作成するうえで、前章のように具体的な方策が決まらない場合、何らかの分析に基づいて中期ビジョンの方向性を決める必要がある。

ここではビジョンや戦略を導く分析手法として「SWOT 分析」を用いた中期ビジョンの捻出法を紹介する。

1）SWOT 分析の基本

①評価システムツール

もともと SWOT 分析は、「バランススコアカード（BSC）」という経営戦略実現のための評価システムツールの一環として使われることが多い。ここでは SWOT 分析のみに焦点を絞るために、BSC の説明については割愛させていただく。

② SWOT 分析とは

自法人を取り巻く環境である外部要因を「脅威」と「機会」、社内事情である内部要因を「弱み」と「強み」のマトリックスで整理することである。

「強み」を Strength（ストレングス）といい、その頭文字の「S」、「弱み」の Weakness（ウイークネス）の「W」、「機会」の Opportunity（オポチュニティ）の「O」、「脅威」の Threat（スレット）の「T」のそれぞれの頭文字を並べて「SWOT」（スウォット）という。

そして、それぞれの窓の交差する箇所を「クロス分析」といい、そこから戦略や具体策を導き出す。

この SWOT 分析により、戦略や具体策が「自社の実状に沿って」「見やすく」「わかりやすく」明確になる。

2）SWOT 分析の進め方

① SWOT 分析に使用する各シート類

まず、事前に III-2 の**「脅威」「機会」事前課題シート**と、III-3 **「弱み」「強み」事前課題シート**の宿題を参加者に配布し作成してもらう。

宿題の書き方は、次項の「事前課題シートの作成ポイント」で説明する。その宿題を事前に回収して、検討会前までに、コンサルタントが分類仕分けして、同じ表現や似たような表現をとりまとめ、文書化（Excel ファイル）しておく。

検討会では、その文書を参加者に配布し、コンサルタントが検討内容をパソコンに入力しながら進める。

コンサルティングの進め方は III-1 の **SWOT 分析検討会　コンサルティング（司会）の進め方** を参照。

②「脅威＝T」の出し方

　宿題で各自が考えてきた「脅威」を転記し、似たような表現は集約して、ある程度記載する。その後、いろいろな意見を聞いた結果、再度「ほかにどのような脅威が考えられるか」を質問し、その回答を要約しながら「脅威」の欄に記載する。

　事前課題の説明時に配布した「脅威」捻出のポイントを、プロジェクターで投影するか、プリントを持参させるかで、再度検討する。

　ここで、司会者には重要な役割が要求される。それは、参加者にブレーンストーミングを促すために、いろいろな角度からヒントや質問を繰り返し、少しでも多角的な意見を吸い上げることである。

　その質問のポイントとなるのが、事前課題シートにある「脅威」や「機会」などのポイントから、再度「○○についてもっと具体的なことはないですか？」などと繰り返すことである。

③「機会＝O」の出し方

　「機会」については、宿題に出してもあまり深く書いてこないケースが多い。これは「書かない」のではなく「書けない」のが正しい表現かもしれない。参加者の多くが長年、介護業界の仕事をしており、いままでのやり方に無意識のうちに固執したり、他業界の参考事例がピンとこないことがあるからである。

　したがって「機会」についての本格的な検討は、この検討会が最初になる場合が多い。

　「機会」で重要なことは、**「脅威」であげたことを裏から見れば、新たな可能性やチャンスになる**ということである。なぜ、宿題では「機会」が少ないのかといえば、脅威を見て悲観的に考え、「将来は何もいいことはない」と考えがちで、新たな対策に視点がいかないからである。仮に、新対策に眼がいっても、「自分がいる施設ではできないので、自分達のフィールドではない」と勝手に決め込んでしまっていることもある。

　SWOT 分析の 4 つの窓のなかで、「機会」をどう導くかで、この SWOT 分析から生まれる中期ビジョンは大きく変わってくる。であれば、ここに重点的に時間配分をするほうがよい。

　おそらく、「機会」の議論をしていくうちに、参加者から「今後目指す対策を決めるなら、詳細なデータがないと判断できない。感覚論で機会を議論するのは危険ではないか」という意見が出るかもしれない。しかし、そんな自分の施設に都合のよい将来を判断できる指標やデータは見つけにくいし、統計値で判断できるもので

もない。あくまでも日頃の業務を通じて、利用者ニーズや行政、メディアなどからの情報を総合的に判断した内容でかまわない。

④「弱み＝W」の出し方

「弱み」は宿題でもけっこう出ているはずである。しかし、問題を明確にするために、抽象的な表現は具体的なものに変えさせるようにしていく。

ここでは、外部要因の「脅威」と、内部要因である「弱み」を混同させないことに留意する。「弱み」はあくまでも内部要因であるので、自社内部の努力不足や構造的な問題を具体的に取り上げることが肝要だ。

⑤「強み＝S」の出し方

「強み」は現時点では強みでも、状況が変わると「弱み」になる場合も多々ある。したがって、前述したように「弱み」でも述べ、「強み」でも述べればよい。

例えば「職員の平均年齢が若い」という場合、「強み」では、「体力があり無理がきく」「人件費が安い」「勢いや活気がある」「しばらく定年を心配しないでよい」などがあげられるが、反面「弱み」では、「経験不足で熟練するのに時間がかかる」「スキルが低い」「辞めやすい」などがあげられる。どちらにしても該当するなら、「強み」と「弱み」に併記すればよい。

3）SWOT・クロス分析の進め方

①クロス分析とは

SWOTの4つの要因を抽出するだけでは具体策は見えてこない。SWOT分析の第1段階では、外部要因である「脅威」と「機会」、内部要因である「弱み」と「強み」を具体的に箇条書きにするが、それだけでは本来の対策が見えてこない。

なぜなら、「機会」と「強み」、「脅威」と「弱み」等の外部要因と内部要因のポイントを掛け合わせて出てくるのが、本来の戦略であり、具体策である。この掛け合わせを「クロス分析」という。次の②〜⑤は、**Ⅲ-4　SWOT・クロス分析記入例**を参照していただきたい。

②「O×S＝積極戦略」の出し方

「機会（O）」と「強み（S）」が交差する、「資金も人も投入する積極的な攻勢ゾーン」である。このゾーンは、市場（利用者ニーズ）が求めていることであり、今すぐにでも何らかの対策を打ち出すべきことに加えて、自社の強みが生かされる対策となる。

積極戦略といわれるこのゾーンは、強みの分野で、期待されるニーズと利用者の

動向に、がっぷり四つで取り組むことになる。第1優先課題の対策が入るゾーンである。

③「O × W ＝改善戦略」の出し方

次に「機会(O)」と「弱み(W)」が交差する、「弱みを改善してチャンスをつかむゾーン」である。このゾーンの特徴は、目の前に期待されるマーケットや顧客の大きな変化があるのに、残念ながらその果実を奪取できるような内部体制（組織や経営体力）ではなく、みすみす取り逃がしをしてしまいそうなことである。

一般には、このゾーンは、「中期的に若干の時間をかけて改善していく」対策が中心になる。昨今の経営環境を考えると、この中期の期間は3年程度が妥当である。

④「T × W ＝致命傷回避・撤退縮小戦略」の出し方

次に「脅威（T）」と「弱み（W）」が交差する、「致命傷回避・撤退縮小ゾーン」である。このゾーンも喫緊の課題や対策が必要なゾーンである。なぜなら、市場や顧客が大きく脅威になっているのに、自社の弱みが影響して、最悪の場合「破綻」しかねない状況にあることを意味している。したがって、そうならないための「致命傷回避の具体策」や、場合によっては「リストラを含んだ撤退や縮小の具体策」が求められるのである。

ここでは消極策やテコ入れ対策をしっかり決めなければならない。大きなマイナステーマなのに、「あちらを立てればこちらが立たず」と右往左往したり遅疑逡巡することが、かえってマイナスを助長することになる。

基本的には「勇気ある決断」をしなければならない。したがって、このゾーンでは致命傷回避というシナリオと、撤退縮小も視野に入れたリストラクチャリング（事業再構築）の対策が必要となる。

通常、このゾーンを検討する時には、なかなかダイナミックなリストラ策が出ないことのほうが多い。経営者は頭ではわかっているが、それが「面子」か「お家事情」か「同族事情」か「職員がかわいそうという温情」などの、様々な要因がからまって意思決定できないのである。

このゾーンを具体的にダイナミックに検討するなら、別の機会に経営者とじっくり話を進めるほうがよい。幹部や一般職員が同席した状況で深い議論はしないほうがよいだろう。

⑤「T × S ＝差別化戦略」の出し方

最後に「脅威（T）」と「強み（S）」が交差する、「強みを活かして差別化するゾーン」である。競合事業者の出現の影響等で脅威になっているが、強い分野もあるため、市場減退を冷静に見ることができず、強いことがマイナスに作用するようにな

る分野である。

　しかし、昔から「残存者利益」や「規模のメリット」といわれるように、他の同業者が撤退すれば、残った自法人は、市場の主導権を取れるかもしれない。また、自法人が強ければ、M&Aを通じて規模のメリットを出せることもある。その市場自体が全くなくなるということでない限り、強みを活かせる資金力と組織力があれば、積極的に打って出ることも十分考えられるゾーンである。

　ただ多くの中小施設では、そういうケースはまれであり、大手・中堅施設やもともと専門性・特殊性をもった中小施設であれば可能なゾーンかも知れない。それでも、一般の中小施設がこのゾーンで検討するとしたら、やはり自社の明確な差別化と、それをぶつけるライバルや市場を明確に見すえることがこのゾーンでの対策となる。

4) SWOT・クロス分析から中期ビジョンへの展開

①クロス分析から出た具体策の優先順位を決める

　「積極戦略」「改善戦略」「致命傷回避・撤退縮小戦略」「差別化戦略」の各クロス分析によって具体策を導き出したら、これらの優先順位を決める。

　ただし、すべてを初年度で行おうとすると無理が生じる。1～3か年かけて対策を計画化する必要がある。

　そこで必要になるのがⅢ-5の**クロス分析　優先順位判断基準**である。このシートに沿って、優先度を数値化し、着手する対策の順番をつける。つけた順番で、「1か年までに実施」や「3か年までに実施」等に区分けするのである。

②優先順位が出たら、Ⅲ-6　SWOT・クロス分析後の中期ビジョン体系図に整理する

　この体系図に書かれたことが中期ビジョンになる。クロス分析後、必要な戦略や具体策に優先順位をつけて、一覧化したものである。一覧化することで、わかりやすく、見やすく、職員にも説明しやすくなる。

2　事前課題シートの作成ポイント

1）事前課題シートの必要性

　SWOT分析の説明資料やテキストを活用した事前説明会時に、**Ⅲ-2、Ⅲ-3 SWOT分析検討会（「脅威」「機会」／「弱み」「強み」） 事前課題**シートを渡して、研修会前までに考えてきてもらう必要がある。

〇課題は、SWOT分析の4つの窓である「脅威」「機会」「弱み」「強み」について、自分なりの見解をまとめてもらうことである。この事前課題だけで正解を期待するものではないので、自由に書いてもらうことが重要である。
〇いらぬ遠慮や配慮、または「そんなこと書いても無理だから、書くのを止めよう」などとならないように、制約をつけないようにする。自由に思うままを具体的に書いてもらうことが何より肝要である。

2）事前課題シートの作成方法とポイント

　Ⅲ-2、Ⅲ-3　SWOT分析検討会（「脅威」「機会」／「弱み」「強み」） 事前課題シートの左側には質問項目、右側にそれに対する記入欄があり、ここに各自記入してもらう。
　設問の意味がわからない場合は、わかる範囲で書けばよいし、全くわからない場合は、空欄でも差し支えない。

---
① 1枚目は「脅威」と「機会」に関する課題である
　〇特に「機会」項目は、検討会でもいちばん重要な箇所なので、現場で見聞きしたことや、業界情報で書かれたことなど、具体的に固有名詞を入れて書いてもらう。
　〇「機会」は、今後のちょっとした可能性やチャンスに切り込んでいくので、どんな些細なことでもよい。
② 2枚目は「弱み」「強み」に関する課題である
　〇これは比較的書きやすいと思うが、ここも抽象的な表現は避けて、できるだけ固有名詞を入れて具体的な表現にしてもらう。
　〇ここで確認しておきたいのは、「強み」とは、「良い点」に似て非なるものであるということだ。
　〇「強み」とは、今後の戦略や可能性に具体的に活かせる強みのことである。

単に「明るく人間関係がよい社風である」とか、「よく働く社員である」などという抽象論は戦略につなげにくいので、しっかり説明しておかなくてはならない。
○「弱み」も同様である。「弱み」を単に「問題点」と定義づけると、玉石混交になってしまう。「弱み」とは、新たな戦略や何かを徹底するときに「ネック」になってしまう、文字どおり「弱み」である。
○同じことでも、ある戦略では「強み」になり、別の戦略では「弱み」になることもある。この場合は、各戦略それぞれに記入する。
※例えば、人員が少ないことは、「強み」でもあり、「弱み」でもある。

■ III-1　SWOT分析検討会　コンサルティング（司会）の進め方

宿題の発表と記載	1	事前に宿題に出しておいた「脅威」「機会」「弱み」「強み」の事前課題シートは、各自発表してもらう
	2	各課題の発表内容が同じような表現（若干の言葉違いや似たような意見）の場合は、「○番と同じでよいですね」と、新たに追記しない
	3	司会者（コンサルタント）または書記は、参加者の発表を聞きながら、パソコンに入力する
	4	参加者の表現が冗漫で抽象的な場合は、「何番と同じ意見ですか」と誘導する
	5	わかりにくい専門的な表現は、聞き直し、わかりやすい表現で入力する
	6	各課題の発表では、ただ言った事を入力するだけでなく、「なぜそう思ったのか？」などの理由や根拠を聞きだすようにする。「深堀り質問」は大変重要である
「脅威」の整理	1	まず、課題で出しておいた「脅威」を参加者に発表してもらい、それを【SWOT・クロス分析　記入用シート】（III-4）の「脅威」の欄に入力する
	2	一通り発表してもらって入力がすんだら、司会者はまだ出ていない「脅威」について、参加者に質問し議論する。ここでは、業界の実状に合致した脅威を、参加者から改めて聞き出すことが重要である
	3	「脅威」の内容が抽象的な場合は、「具体的にどういうことですか？」「数値面でマイナスになるとしたら、どれくらい売上がマイナスになりますか？」と、より具体的な質問をする。その結果は【SWOT・クロス分析　記入用シート】の「脅威」欄の右横にある「左記の状態で、今のまま具体的な手を打たない場合、どのくらいマイナスになるか概算数値や％を書く」に記述する
「機会」の整理	1	「脅威」がすんだら、次に「機会」を参加者に発表してもらい、それを、【SWOT分析・クロス分析　記入用シート】（III-4）の「機会」の欄に入力する
	2	一通り発表してもらい入力がすんだら、司会者はまで出ていない「機会」について参加者に質問し、議論する。ここでは、業界の実状に合致した機会を、参加者から改めて聞き出すことが重要である
	3	「機会」については、なかなか意見が出ない場合が多いので、【事前課題シート】（III-2）の項目1つ1つについて、「○○の可能性はないですか？」「この環境変化で、チャンスの道があるとしたら、どういうことですか？」と、何回も聞き出す
	4	「機会」がどのくらいあるかどうかで、SWOT分析や次のクロス分析の結果が大きく異なるので、とにかく「○○となったら…」と、「タラレバ」を聞き出す
	5	「タラレバ」を聞き出した際に、参加者の回答に対して、「なぜそう思うか」と理論的な根拠を数人に問い、その意見も表記する
	6	「機会」の意見を【SWOT・クロス分析　記入用シート】（III-4）に入力したら、空欄を削除する
「弱み」を整理	1	「弱み」を発表してもらい、その発表内容の具体的な事実を聞き込みながら【SWOT・クロス分析記入用シート】（III-4）の「弱み」欄に入力する
	2	「弱み」の発表が抽象的なら、具体的にはどういうことか聞き出し、「深堀り質問」の結果も表記する
	3	似たような意見が出た時は、該当する意見に集約する
	4	「弱み」は、どの法人でも言い出せばきりがないほどあるので、あまり多くの時間を割かないようにする
	5	「弱み」は単なる「法人の悪い箇所・改善点」ではない。「機会」に出てきた可能性やチャンスを実行する上で、ネックになっている項目は何かを中心に意見を求める
	6	「弱み」の整理後、【事前課題シート】（III-3）にある項目でまだ出ていないものがある場合は、このシートから再質問する

「強み」の整理	1	「強み」を発表してもらい、【SWOT・クロス分析記入用シート】（Ⅲ－4）の「強み」欄に入力する
	2	「強み」の内容が抽象的なら、具体的にはどういうことか聞き出し、「深堀り質問」の結果も表記する。総論の「強み」はあまり意味がないことを伝える
	3	似たような意見が出た時は、該当する意見に集約する
	4	「強み」は、単なる「他と比較した法人のよいところ」ではない。司会者は「機会」に出てきた可能性やチャンスを実行するうえで、「強み発揮」が可能になるような箇所を選定するように仕向ける
	5	過去から現在まで「強み」と参加者が思っていることでも、「脅威」に直結している「強み」はむしろマイナスに作用する場合もあるので、その旨を伝え、記述しない
	6	「強み」の整理後、まだ【事前課題シート】（Ⅲ－3）にある項目でまだ出ていないものがある場合は、このシートから再質問する

「積極戦略」の整理	1	休憩をとり、その間に記入絵された【SWOT・クロス分析記入用シート】（Ⅲ－4）を参加者分プリントアウトする。以後参加者はこのシートを見ながら、クロス分析を進める
	2	司会者のパソコンには、クロス分析「積極戦略ゾーン」（Ⅲ－4）を映し、そこに「積極戦略」を入力する
	3	再度、「機会」と「強み」を司会者が反復して読み上げる
	4	「機会」の〈1〉の事項について、「これを実現するには、強みのどれをどうぶつければ、実現できますか？」をたずねる。その後、下段の〈2〉、〈3〉と続ける。それを【SWOT・クロス分析記入シート】（Ⅲ－4）に入力する
	5	参加者が出した積極戦略の意見の実現性については後で整理するので、この段階ではすべての可能性を否定しないように誘導する
	6	「積極戦略」の意見が抽象的な場合は、「具体的な固有名詞を使って、何を、どうすればいいか」と深堀り質問する
「致命傷回避・撤退縮小戦略」の整理	1	次にパソコンには、クロス分析「致命傷回避・撤退縮小戦略ゾーン」（Ⅲ－4）を映し、クロス分析を進める
	2	司会者は、再度、このシートから「脅威」と「弱み」を反復して読み上げる
	3	今後の業績に大きなマイナスの影響を与える「脅威」は何か、3つぐらい出すように質問する
	4	主要な「脅威」を抽出した後、1つずつ「この脅威と自社の弱みから、致命傷回避のための喫緊の対策は何か？」をたずねる。その回答を【SWOT・クロス分析記入用シート】（Ⅲ－4）に入力する
	5	参加者が出した致命傷回避・撤退縮小戦略の意見の実現性については後で整理するので、この段階ではすべての可能性を否定しないように誘導する
	6	「致命傷回避・撤退縮小戦略」の意見が抽象的な場合は、「具体的な固有名詞を使って、何を、どうすればいいか」と深掘り質問する

「改善戦略」の整理	1	パソコンには、クロス分析「改善戦略ゾーン」（Ⅲ－4）を映して、さらにクロス分析を進める
	2	「機会」の〈1〉の事項について、「これを実現するには、弱みのどれをどう改善すれば、実現できますか？」をたずねる。その後、同様に下段の〈2〉〈3〉と続ける。それを【SWOT・クロス分析記入シート】（Ⅲ－4）に入力する
	3	「改善戦略ゾーン」のクロス分析では、「積極戦略」と違って、今の弱みを改善しなければチャンスにはならない。そこで、「2～3年かけて、どの弱みをどう具体的に改善すれば、機会の何番を実行できるか」を聞き出す
	4	「改善戦略」の意見が抽象的な場合は、「具体的な固有名詞を使って、何を、どうすればよいか」と深掘り質問する
「差別化戦略」の整理	1	クロス分析「差別化戦略ゾーン」（Ⅲ－4）を映して、クロス分析を進める
	2	主要な「脅威」1つずつに「自社の強みをもってすれば、可能なことは何か」を聞き出す
	3	ただし、基本は「脅威」であるので、「強み」が圧倒的な強みでない限り、具体策は出にくい。圧倒的な強みが見出せない場合や時間がない場合は、あまり時間を割かないようにする
	4	「差別化戦略」の意見が抽象的な場合は、「具体的な固有名詞を使って、何を、どうすればいいか」と深掘り質問する

【中期ビジョン】対策の優先順位	1	4つのクロス分析がすんだら、【SWOT・クロス分析記入用シート】（Ⅲ－4）の4つのゾーンをプロジェクターで見せながら、「1か年で結果を出す優先度の高い戦略や対策」と、「3か年までに結果を出すための戦略や対策」の2種類に分ける
	2	【SWOT・クロス分析記入用シート】（Ⅲ－4）に、「1か年で結果を出す戦略や対策」「3か年までに結果を出す戦略や対策」に分け、【Ⅲ－5 クロス分析優先順位判断基準シート】に転記する。このとき、最初から実現不可能な対策や具体性のない対策は、参加者に意見を聞いて、ピンと来ないなら削除する
	3	【クロス分析優先順位判断基準シート】（Ⅲ－5）に沿って、参加者から意見を聞きながら配点を行う。配点基準の説明はパソコンで見せながら、「実現可能性度」「抜本対策度」それぞれについて説明する
	4	【クロス分析優先順位判断基準シート】（Ⅲ－5）の「1か年で結果を出す戦略や対策」から、各欄の配点を聞き出し（配点の選択は多い意見か上席者の意見で決める）、合計点と平均点を出す。次に平均点によって順位を出す
	5	【クロス分析優先順位判断基準シート】（Ⅲ－5）の「3か年までに結果を出す戦略や対策」から、各欄の配点を聞き出し（配点の選択は多い意見か上席者の意見で決める）、合計点と平均点を出す。次に平均点によって順位を出す

Ⅲ-1　SWOT分析検討会　コンサルティング（司会）の進め方

■ III-2　SWOT 分析検討会　「脅威」「機会」の事前課題　氏名（　　　　　　）

※ 超長期ではなく、今後5か年以内にありうること・可能性が高いことを書く。
※ 下記のチェック項目に沿って、該当する「脅威」「機会」をそれぞれの右の欄に記入する。
※ 感覚的・抽象的な「脅威」「機会」ではなく、具体的な表現で記入する。

		チェック項目		左記のチェック項目に対するあなたの具体的な考えは何か
外部環境【脅威T】のポイント	1	介護報酬の見直しに関して、今後どういう脅威があるか	1	
	2	医療施設が展開する介護分野の進出や、株式会社が進出する介護事業において、どういう点が脅威になるか	2	
	3	介護事故や訴訟、リスク管理の脅威にはどんな点があるか	3	
	4	不足している介護福祉士、ヘルパー等の採用、定着率についての脅威はどういう点か	4	
	5	介護保険制度の見直しは今後どういう脅威になるか	5	
	6	有料老人ホームや高齢者専用賃貸住宅等の新たな新規参入組はどういう点で脅威になるか	6	
	7	同じ圏域に同業者施設進出の脅威はあるか	7	
	8	政府や自治体の補助金は今後どういう脅威になるか	8	
	9	仕入先や委託先には今後どういう変化が生まれ、自法人に具体的なマイナス事象となって現れるか	9	
	10	今後のリスク要因として、コストアップ要素は何が考えられるか	10	
	11	労働環境、雇用状況、人件費面ではどういう点が脅威か	11	
	12	介護制度の改正、規制緩和や規制強化はどのような脅威が具体的に出てきそうか	12	
	13	インターネットや各種の携帯・情報ツールの普及による脅威には何があるか	13	
	14	今後起こり得る社会ニーズの変化、消費者意識の変化、経済構造の変化では、どういう脅威が具体化しそうか	14	

		チェック項目		左記のチェック項目に対するあなたの具体的な考えは何か
外部環境【機会O】のポイント	1	地域の要介護人口の増加によってどういうニーズが生まれるか。また自治体の方針はどうチャンスになるか	1	
	2	どういうアプローチや採用戦略をとれば、介護福祉士やヘルパーの確保ができ、チャンスに活かせるか	2	
	3	介護保険以外のサービス分野ではどういうチャンスがあるか（居住系・サービス系）	3	
	4	介護分野の拡充や参入によって、どういうチャンスを活かせば、収益源やニーズにつなげられるか	4	
	5	在宅介護ニーズ、予防介護ニーズはどういう点にチャンスがあるか	5	
	6	医療連携、地域連携体制をどのようにすればチャンスになるか	6	
	7	どういう専門性や特性を全面にアピールすれば、より広範な地域からの利用者確保が可能か	7	
	8	今後の政府の介護行政の方針によって、どういうアクションを起こせば機会になるか	8	
	9	メディアが取り上げてくれそうな企画やストーリは、どんなことなら可能性があるか	9	
	10	規模拡大で成功している同業者や、専門・差別化でうまくいっている同業者のどういう点をまねればチャンスにつながるか	10	
	11	利用者は今後、どんな専門性や機能・サービスにメリットを感じて来所・利用してくれると思うか（具体的な介護ニーズ、家族ニーズとは何か）	11	
	12	法律改正、規制緩和や規制強化は今後、自法人に有利に働くとしたら、具体的にどういうことが出てきそうか	12	
	13	インターネットや各種の携帯・情報ツールの普及によって、どういうチャンスが具体的に生まれるか	13	
	14	参入障壁の撤廃、技術革新による新たな市場、衰退市場からの撤退による、今後の可能性にはどんなことがあげられるか	14	

■ III-3　SWOT分析検討会　「弱み」「強み」の事前課題　氏名（　　　　　）

※ 下記のチェック項目に沿って、該当する「弱み」「強み」をそれぞれの右の欄に記入する。
※ 感覚的・抽象的な「弱み」「強み」ではなく、具体的な表現で記入する。

		チェック項目		左記のチェック項目に対するあなたの具体的な考えは何か
内部要因【弱みW】のポイント	1	競合者と比較して、自法人が明らかに負けている点（ヒト、モノ、カネ、技術、情報、効率、社内環境等）は何か	1	
	2	利用者ニーズに対応していない点は何か？　その結果、どういう現象が起こっているか？	2	
	3	利用者開拓、企画力での弱みは何か	3	
	4	業績悪化要因につながっていることは何か	4	
	5	専門性、企画力での弱みは何か	5	
	6	サービス力での弱みは何か	6	
	7	コスト力、価格力での弱みは何か	7	
	8	人材基盤（職員の質、層、組織力）での弱みは何か	8	
	9	設備力、資金力での弱みは何か	9	
	10	利用者クレームで多い項目は何か	10	
	11	明らかに弱みと思われる社内事情（風土、気質、モチベーション等）は何か	11	

		チェック項目		左記のチェック項目に対するあなたの具体的な考えは何か
内部要因【強みS】のポイント	1	同業者と比較して、自法人が勝っていると自信のある点は何か（ヒト、モノ、カネ、技術、情報、効率、社内環境等を具体的に書く）	1	
	2	今まで事業が継続発展してき要因別の理由（ヒト、モノ、カネ、技術、情報、効率、社内環境等）	2	
	3	一般利用者・利用者家族から評価されている事項、認められている点は何か	3	
	4	連携先（病院または在宅医療、診療所、在宅介護先関係）から評価されている事項、認められている点は何か	4	
	5	営業面全般での強みといえるポイントは何か	5	
	6	組織面・財務面全般で強みといえるポイントは何か	6	
	7	コスト面、生産性において強みといえるポイントは何か	7	
	8	介護品質、接客品質において強みといえるポイントは何か	8	
	9	その他の部門において強みといえるポイントは何か	9	
	10	現在実践していることで業績に直結している点は何か	10	
	11	業者（仕入先、外注先、銀行等）から評価されている点は何か	11	
	12	業界では先駆的に実践して成果が出ていることは何か	12	

III-4　SWOT・クロス分析　記入例

※各「ヒアリングポイントシート」からヒアリングした項目を各欄に入力する
※4つの窓（OTWS）の入力が終わったら、いったんプリントし参加者に配布する
※プリントする前に空欄を削除して上詰めにして、A3版で配布する（レイアウト調整をして、多くても2枚までにする）

会社名（社会福...
参加者

			強み（S）…ターゲットと比較して（ターゲットがない場合は一般的な発注者
		①	入所、通所サービス、訪問介護、居宅事業などの介護全般
		②	対外的に介護、障害もやっているのはイメージが良い
		③	通所サービスは『選べるサービス』で様々なメニューに対制作等）
		④	自社厨房施設を持っている（現在　MAX介護と障害で31
		⑤	ヘルパー養成研修の取り組み、スタッフで講習ができる
		⑥	他の○○の特養に比べて個室があるで、予算のある個室個室としては低価格になっている
		⑦	この地域では正職員に占める介護福祉士比率が50％と
		⑧	新しくキレイな施設である（築年数が新しい）（新規事業裕がある）
		⑨	ケアマネから評価が高い（職員が優しい、困難事例を受け
		⑩	職員の定着率が高い（退職者でも他の特養に転職する職

1か年で結果を出すための優先度の高い【短期実行対策】

3か年で結果を出すための優先度の高い【中期戦略と仕掛け対策】

外部環境	機会（O）			組み合わせ番号	【積極戦略】自社の強みを活かして、さらに伸ばしていく対策。または積極的に投資や人材配置して他社との競合で優位に立つ戦略
	市場・顧客	〈1〉	介護保険以外での老人サービスは今後展開が可能（低所得者向け高齢者住宅、グループリビング、在宅…独居対策）	〈1〉-③④⑨	配偶者が入所したため独居となった方への面会時食事の準備（栄養バランスを補う）
		〈2〉	介護支援機器、ロボット、高機能ベッド等の普及が進む		
		〈3〉	将来的に社会福祉法人のM&A、合併の指針が政府から出されて、規模拡大は円滑になる	〈1〉-③⑨	配偶者が入所したため独居となった方へはデイサービスの利用、デイの送迎を利用して入所している配偶者の面会をしてもらう
		〈4〉	在宅介護が増えるので、訪問介護、訪問看護ニーズが高まる…ドクター確保ができれば、クリニック開業の可能性あり		
		〈5〉	看護師を増強すれば、看取り加算やグループ内での多角的な活用度が高まり、サービス強化と収入増が図れる	〈5〉-①⑨	さらにパート看護師（時間帯別）を増やして、経管栄養者（介護度5）のニーズに対応すれば、収入増につながる
		〈6〉	リハビリ機能を持ったデイサービスはますます差別化できる（リハビリスタッフの給与相場が以前より下がっている）		
		〈7〉			
		〈8〉			
	競合	〈9〉	他のデイサービスとレクやサービス、リハビリ機能を強化した差別化を図れば、他地域での拠点展開が可能	〈9〉-③	少し痴呆が進んだ在宅老人に、保険外の公文式「前頭前野の活性化塾」の予防サービス事業。パッケージ化されている。県南には未だない【週5日、30分/日】
		〈10〉			
		〈11〉			
	供給先	〈12〉	ヘルパーの確保と育成ノウハウの確立ができれば、訪問介護分野では、障害者ヘルパーも含めて伸びる余地がある	〈12〉-⑤	ヘルパー養成研修の定期開催で、そのなかからヘルパーとして採用する
	社会経済環境	〈13〉	報酬面では予防介護の単価と介護報酬増加、処遇改善給付金で介護職員の給与改善が進み、定着率が改善する		**積極戦略ゾーン**
		〈14〉			

	脅威（T）			左記の状態で、今のまま具体的な手を打たない場合、どれくらいマイナスになるか概算数値や％を書く	組み合わせ番号	【差別化戦略】社の強みを活かして、脅威をチャンスに変えるには何をどうすべきか。
	市場・顧客	〈1〉	急速な高齢化で、介護保険が賄えなくなり、自己負担率が上昇する‥利用したくても利用できない高齢者が増える			
		〈2〉	介護職の過重労働と低給与がマスコミ等で喧伝され、入職希望者が減る			
		〈3〉				
		〈4〉				
	競合	〈9〉	有料老人ホームの参入業者が増え、介護士の争奪戦になる（特養と利用者争奪にはなりにくいが、少ない介護士がさらに厳しくなる）			
		〈10〉				
		〈11〉				**差別化戦略ゾーン**
	供給先	〈12〉	介護ヘルパーの不足が顕著になり、箱物の介護事業は限界			
		〈13〉	高齢者はますます増えて、若手の介護従事者が減少する			
		〈14〉	特養の平均介護度が上がり、重篤化すれば、介護士の負担が増え、モチベーション維持が難しくなる			
	社会経済環境	〈15〉	政府の財政悪化による介護報酬のしわ寄せの可能性がある			
		〈16〉				

祉法人　〇〇会）

		内部要因	
ニーズをベースに）		弱み（W）…ターゲットと比較して （ターゲットがない場合は一般的な発注者ニーズをベースに）	
サービスを行っている	①	医療とつながりが弱い（看護体制やドクターの対応スピードが遅くなる）	
応（パワーリハ、レク、園芸、	②	新たな事業をしたくても敷地の余裕はない	
0食で、若干余力）	③	職員の平均年齢が高い（40歳以上が30%）	
	④	ドクターが高齢であるため糖尿病（インスリン摂取）の待機者を受け入れることができない	
利用者ニーズに対応している。	⑤	利用者が高齢でその家族（子）も高齢であるため理解力が乏しくなっている。
	⑥	特養とデイの介護士の業務支援体制ができていない	
高い	⑦	遠方の家族（市外16名県外11名無2名）のため緊急時に間に合わない	
や施設展開の資金は十分余	⑧	看護師の絶対数が少ない	
入れる	⑨	リハビリ機能が老健等と比較して出遅れている	
員はいない）	⑩	日曜デイを実施しているが、全く収支が合わず、ニーズも低下している	
左記対策を実施した場合の概算数値（売上増減、利益改善、経費増減、件数増減、%増減等）	組み合わせ番号	【改善戦略】自社の弱みを克服して、事業機会やチャンスの波に乗るには何をどうすべきか	左記対策を実施した場合の概算数値（売上増減、利益改善、経費増減、件数増減、%増減等）
	〈1〉-②	【高齢者住宅】ができれば自立から要介護状態、死亡までのルートができ、高齢者世帯独居老人世帯が増加するなか、遠方にいる家族に安心を提供できる…不動産の探索	
	〈5〉-⑧	保険外で低所得者向け高齢者住宅、グループリビングの調査、建設、運営…賃貸だけの収益でなく、今ある経営資源の有効活用で全体収入を上げる	
	〈1〉-②	看取り介護を積極的に行えるため増収が見込まれる。積極採用を図る	
	〈6〉-⑨	リハビリスタッフの採用と育成（リハビリ機能をデイと入所で活用）	
		改善戦略ゾーン	
左記対策を実施した場合の概算数値（売上増減、利益改善、経費増減、件数増減、%増減等）	組み合わせ番号	【致命傷回避・撤退縮小戦略】自社の弱みが致命傷にならないようにするにはどうすべきか。またはこれ以上傷口を広げないために撤退縮小する対策は何か	左記対策を実施した場合の概算数値（売上増減、利益改善、経費増減、件数増減、%増減等）
	〈2〉	実習生へのフォローを徹底して、施設の好印象を持ってもらい、新卒入職を促進する	
	〈12〉	ヘルパーの報酬が変わらず、ヘルパーが確保できなければ縮小も視野に入れる	
	〈13〉-⑩	ケアマネと段階的に調整して日曜デイサービスの廃止	
		致命傷回避・撤退縮小 戦略ゾーン	

III-7　SWOT・クロス分析　記入例

■ III-5　クロス分析　優先順位判断基準シート　法人名（　　　　　　　　）

※III-4のSWOT・クロス分析の4つのゾーンから、「1か年で結果を出す戦略と対策」と「3か年までに結果を出す戦略と対策」
　に分け、III-5　クロス分析　優先順位判断基準シートに転記するとともに、各戦略や対策を点数で評価する。

※「実現可能性度」とは、今の自社のレベルで、そのクロス分析に具体策がどれくらい実現の可能性があるかである

点数の判断基準	配点
即実行でき、実現可能性が極めて高い	5
短期的に実現可能性は高い	4
努力は必要だが実現可能性は高い	3
実現には相当の努力が必要である	2
実現はかなり難しい	1

・上記判断基準は、それぞれ「短期」と「中期」という時間軸で考える

※「抜本対策度」とは、自社の事業戦略や事業収入構成比を大幅に変える抜本対策かどうかの度合いである

点数の判断基準	配点
事業構造が大きく変わってしまう抜本対策といえる	5
事業構造に相当の変化が起こる抜本対策といえる	4
事業構造に変化が起こる可能性のある抜本対策といえる	3
事業構造の変化とまではいえないが、改善以上の変化は起こる可能性がある	2
改善程度の変化である	1

※点数の配点では、各項目とも、度合いの高さ・効果性によって、点数を5段階で決める

点数の判断基準	配点
度合いがかなり高く効果的である	5
度合いは高く、効果的である	4
度合いは高いが、効果性は普通である	3
度合いは普通で、効果性もほぼ普通である	2
度合いは普通に近いが、効果性は若干疑問がある	1

※平均点の高い項目が「優先度」の高さを示す

短期or中期	NO	4つのゾーン	クロス分析の戦略と具体策	実現可能性度	抜本対策度	『点数の配点』 収入の貢献度	新規利用者確保貢献度	原価・固定費削減の貢献度	人件費・合理化の貢献度	品質の向上による貢献度	業務効率向上の貢献度	平均点	優先順位
1か年で結果を出すための優先度の高い対策	1				✕								
	2				✕								
	3				✕								
	4				✕								
	5				✕								
	6				✕								
	7				✕								
	8				✕								
	9				✕								
	10				✕								
3か年までに結果を出す対策	1												
	2												
	3												
	4												
	5												
	6												
	7												
	8												
	9												
	10												

III-5　クロス分析　優先順位判断基準シート

■ III-6 SWOT・クロス分析後の中期ビジョン体系図　　（会社名　　　　　）

※「クロス分析の戦略と具体策」は、優先順位付けされた「クロス分析　優先順位判断
※ 次に、これらの戦略や具体策を4つのカテゴリーに分類する。
※「3か年中期ビジョン」は、各種戦略や対策を実施した結果、「大きな数値目標」や

短期or中期	優先No.	クロス分析の戦略と具体策
1か年で結果を出すための優先度の高い対策	1	
	2	
	3	
	4	
	5	
	6	
	7	
	8	
	9	
	10	
3か年までに結果を出すための対策	1	
	2	
	3	
	4	
	5	
	6	
	7	
	8	
	9	
	10	

基準シート」から転記する。

「中期経営計画に連動した大きな事業構造の変化目標」等の表現にする。

1か年～3か年の中期方針及び実施戦略 (1～3か年で構築する「サービス」「利用者」 「コスト」「組織改革」)			3か年中期ビジョン（3か年までの計画の目標値） ※勝ち残るための必須条件でも可	
新ケアサービス・既存ケアの充実策や戦略	1			
^	2			
^	3			
^	4			
^	5			
新規利用者確保や既存利用者の管理方針と戦略	1			
^	2			
^	3			
^	4			
^	5			
コスト改革戦略（原価・固定費他）	1			
^	2			
^	3			
^	4			
^	5			
組織改革・施設体制・その他の方針と戦略	1			
^	2			
^	3			
^	4			
^	5			

My Way of Consulting ③

Column　給与が上がっても喜ばない職員…給与をやる気に変えるマネジメント

　昇給には、定期昇給、評価による昇給、等級昇格、役職昇進、資格取得による昇給がある。給与が上がることは職員にとってうれしいことのはずだが、これがなかなか一筋縄ではいかない。「給与が上がっても喜ばない職員」の存在である。

　職員の多くは、「今の仕事よりも難しくなく、気苦労もなく、労働時間も増えない」なかでの昇給は大歓迎だ。しかし、こんなことは現実には起こりえない。

　一般には、等級昇格や役職昇進によって高い給与を得るためには、よりレベルの高い仕事をしてもらわなければならない。「より専門的な業務」「より管理的な業務」「より指導的な業務」「より失敗が許されない業務」がそれだ。ところが、高い給与はほしいけれど、こんな大変な仕事が増えるなら、昇給しなくてもよいと考える職員がいるのだ。それが、もともと問題のある職員なら関係ないかもしれないが、昇給・昇格を拒む職員のなかには、有能かつ将来性のある職員が多いということが問題なのだ。

　経営サイドとしては、「管理職の後継者として考えたい」「配置転換を考えるとどうしても上の立場に立ってもらわないと」「年配の職員には期待できないから、この若手に奮起してもらいたい」など、様々な理由で抜擢や昇進を考えたいところだ。しかし、いかに管理部門が期待しても、相手が拒めば先には進まない。

　では、どうすれば「昇給や昇格昇進」を受け入れてもらえるだろうか。

　一般に昇給昇進を拒む職員の理由として、次のようなことがあげられる。
- 「上に上がると仕事がきつくなる」
- 「若手と経営幹部との板ばさみが嫌」
- 「経営サイドへの不信感」
- 「この法人では責任ある立場に立ちたくない」
- 「責任ある立場になることで家庭の時間を犠牲にしたくない」
- 「昇給しなくても、十分に食べていける」
- 「今の現場作業が気楽でよい」

　こういった「昇格阻害要因」を打破する仕組みのひとつに、「キャリアプラン」と個人の将来像の整合性を図ることがある。

　例えば、「現場作業のままでは、いくら月給が上がっても○○万円が限界。子どもを大学に入れるなら最低でも○○万円はいるだろう。しかし、◇◇職で、こういう立場になれば、○○万円の月給が可能である」と、職員のライフプランとキャリアプランの成り立ちから説得するケースが一般的である。

　また、「あなたの職種なら、○歳までは現場作業ができるが、それ以降は年齢的に無理。このまま働くのであれば、マネジメント職になることでしか、給与や地位の保証はできない」と、職種の限界年齢と給与の関連性から説得するケースがある。

　これらに共通しているのは、経営サイドに対する信頼感があるかどうかである。この信頼感が築けないようでは、「こんな法人で責任ある立場にはなりたくない」と考えるのは極めて当然のことではないだろうか。

Category IV

年度方針・部門別方針・行動計画作成コンサルティングの進め方

1 年度方針・部門別方針・行動計画作成が求められる背景

　介護事業所においても、**ある程度職員を抱えている入所、デイ、小規模多機能、グループホーム等では年度方針・行動計画を文字で具体的に記述し、モニタリングの仕組みを入れることのニーズは高い。**

　一般に多くの施設では、「年度の事業計画」で事業方針は書いているが、具体的な行動計画まで落とし込んでいるところは意外と少ない。理事会承認のための間に合わせや形骸化している場合も少なくない。そこで、この年度方針・行動計画を一緒に作成することで、経営者の目標や各部門が抱えている課題を一目瞭然に把握でき、継続的にチェックすることで信頼感も醸成できる。

　また、多くの介護施設では各部門責任者に多くの実務的な権限が委譲されており、部門方針や行動計画のチェックを、経営者や施設長はやっていないケースがほとんどである。そこで、**一緒に計画を作ったコンサルタントがモニタリングまで行えば、施設長のマネジメントを補佐できる**ことになり、施設長からの信頼も一層高まる。

2 年度方針の展開方法

　年度の経営方針は、基本方針や中期ビジョン、そして現在の課題から選択されなければならない。そして、各部の方針についても、「法人からの要望」を明確に伝えることで、部門方針や行動計画にも反映させるようにもっていく。

(1) **Ⅳ-1　年度経営方針体系フォーム**の記入を、理事長と施設長、役員幹部層を中心に面談をしながら行う

> ①年度方針は毎年変更するということではなく、「中期ビジョン」で追いかけるケースが多い。
> ②まず、「基本理念」を記入し、「基本方針」を整理する。
> 　「基本方針」は、中長期的な基本機能の追求である。
> 　カテゴリーは、**「地域での位置づけ」「利用者満足度」「今後のサービス施設展開」「組織・職員の体制」**を基本に整理する。
> ③「基本戦略」は、「基本方針」に沿って、より現実的な課題を、中期戦略として記入する。
> 　カテゴリーは、**「新規施設展開」「新サービス」「地域連携先」「経営組織の変更」「外部とのコラボ（提携や協業）」**等を基本に検討し記入する。
> ④「事業所ごと今年度重点実施事項（具体策）」では、部門長や管理者と個別

に検討を行う。

　各事業所の責任者クラスと経営者、コーディネーター（コンサルタント）で、基本戦略を構築するには、各事業所は、どういうことを実施するかを検討し記入する。

　検討課題は
- 「数値目標」
- 「利用者満足度向上具体策」
- 「技術知識、能力向上具体策」
- 「品質を落とさず、ムダカイゼン作業効率化・コスト削減対策」で進める。

(2) **Ⅳ-2　前期の反省フォーム**を理事長、施設長と協議しながら記入

①「前期の反省シート」を協議しながら記入。
②年度方針体系図（Ⅳ-1）の「**事業所ごと今年度重点実施事項（具体策）**」の検討の前に作成する。
③「前期のプラスの出来事・プラス要因」とは、前期の期間中に起こった良い出来事を、固有名詞で具体的に記入する。
④「前期のマイナスの出来事」とは、前期の期間中に起こった悪い出来事を、固有名詞で具体的に記入する。
⑤「前期の計画からの反省と未解決テーマ」では、前期の計画にあがっており、改善する予定だったが、まだ改善がされてない未解決テーマを記入する。
⑥「前期中に新たに発生した課題」では、予期せぬ出来事で新たに発生した課題を明記する。「前期のマイナスの出来事」とかぶっても可。
⑦「**前期反省と新テーマ・中期ビジョンから出た今期の課題**」では、今期（または次年度）の経営課題を、この4つのカテゴリーと、中期戦略（方針体系図）から整理する。
⑧ここでの内容は、単年度の実施計画になる。
　（特に経営部門として、経営会議でのチェック事項になる）

3　部門別方針・行動計画作成

(1) 部門別に「前期の反省」を、2-(2)と同様に記入する

(2) 次に**Ⅳ-3**の**年度　部門方針・行動計画モニタリングシート**へ記入する

> ① まず、「前期の反省シート」のいちばん下の、「前期反省と新テーマ・中期ビジョンから出た今期の課題」を、モニタリングシートの右上の「今期の重点方針」に転記する。
> ② 次にモニタリングシートの上部左の「　年度　部門数値目標」に目標数値を記入する。
>   - **目標数値は、「稼働率」「登録数」「収入」「件数」等の、具体的に「見える」数値にする。**
>   - 数値は半期単位で目標設定する。
> ③ 「モニタリングシート」は、大きく、
>   「今年度戦略的な取り組み（準備と段取りが重要な計画的な実施事項）」
>   「従来からの取り組み（計画書で定期チェックしなければ実行度が上がらない事項）」に分かれる。
> ④ 「今期の重点方針」を上記の2つのどちらかに選別して転記する。

(3) 「重点具体策及び実施項目（準備、仕掛け、段取り）」では、「今期の重点方針」の1つ1つについて、より詳細な行動を具体化する

> ① 検討の仕方は、
>   - 「今期の重点方針の○○を実現するには、どんな具体的な行動が優先ポイントか」
>   - 「まず、最初の取っかかりは、どういう作業か」
>   - 「ホップ・ステップ・ジャンプでいえば、どういう行動になるか」
>   等を多面的に聞き出して、より具体的な行動内容を記述する。
> ② ここでの行動内容の深掘りが足らず抽象的だと、後々モニタリングしづらくなるので注意すること。
> ③ 責任者や主担当は、個人名を記入する。

(4) モニタリングチェックシートの記入

> ① 「重点具体策及び実施項目（準備、仕掛け、段取り）」で書かれた内容を、チェックしやすいよう、日時と、どういうチェックをするかを決める。
> ② 「今年度戦略的な取り組み（準備と段取りが重要な計画的な実施事項）」は、3か月単位の行動チェックで、特に上半期は詳細に書く。
> ③ 下半期以降は変動的なので、おおよその表現でもかまわない。
> ④ 3か月単位にしているのは、新規の戦略的な取り組みは往々にして日時が

変わることが多く、毎月チェックしても結果が出ないケースが多いからだ。（行動結果が出ないと、クライアントがチェックすることに対して後ろ向きになることがあるので）
⑤「従来からの取り組み（計画書で定期チェックしなければ実行度が上がらない事項）」でのモニタリングシートは、毎月チェックの形式にしている。これは、決まったことで、継続チェックが必要なので、「やったか、やらなかったか」をチェックしやすくする。
⑥それぞれ「実行予定」の欄には、「何月までに、何をどうする」と表現する。
⑦特に、「何月の○○会議で○○まで報告」と記載すれば、会議のチェック事項があらあかじめ決定されるようになる。
⑧長文にならない程度の宿題にする（1文30文字以内）

4　四半期チェックの仕方

　年度方針・行動計画書をコンサルティングすることは、**その結果についてもチェックする役割を担うことである**。これはそのまま**継続コンサルティング**につながる。

①チェック方法は、原則、会議・ミーティング・研修方式をとる。
②コンサルタントが司会者となって、「実行計画」の内容を管理者へ質問し、「**予定どおり済んだかどうか**」を、「**CH結果**」**欄に記述する**。
③あとからわかるように、「CH結果」欄は文字色を変えて赤文字で記入し、「○○は、○月○日までに実施済み」と記述する。
　ただし、**計画どおり実施できてないことも多々あるので**、その場合は、「それでは、○○の件はできていないので、いつまでに、どうしますか？　○○部長、お答えください」等と、**新たな決定事項へと導く**。
④再決定事項がより具体的な表現になっていなければ、何度でも聞き返すことが肝要である。
⑤再決定事項は、「実行計画」の該当月欄に「青文字」で記述する。そのことで、この決定事項は再決定事項だと認識されやすくなる。

　IV-4の今期の経営方針・スローガンおよび重点具体策では、ある社会福祉法人の経営全般の方針と具体策、モニタリングの実例を掲載している。また**IV-5**の**[特養・ショート]部門　部門方針・行動計画**と**IV-6**の**[デイサービス]部門　部門方針・行動計画**では、各部門の具体的な戦略や具体策、モニタリングを行った議事録まで掲載しているので、実際のイメージが伝わるかと思う。

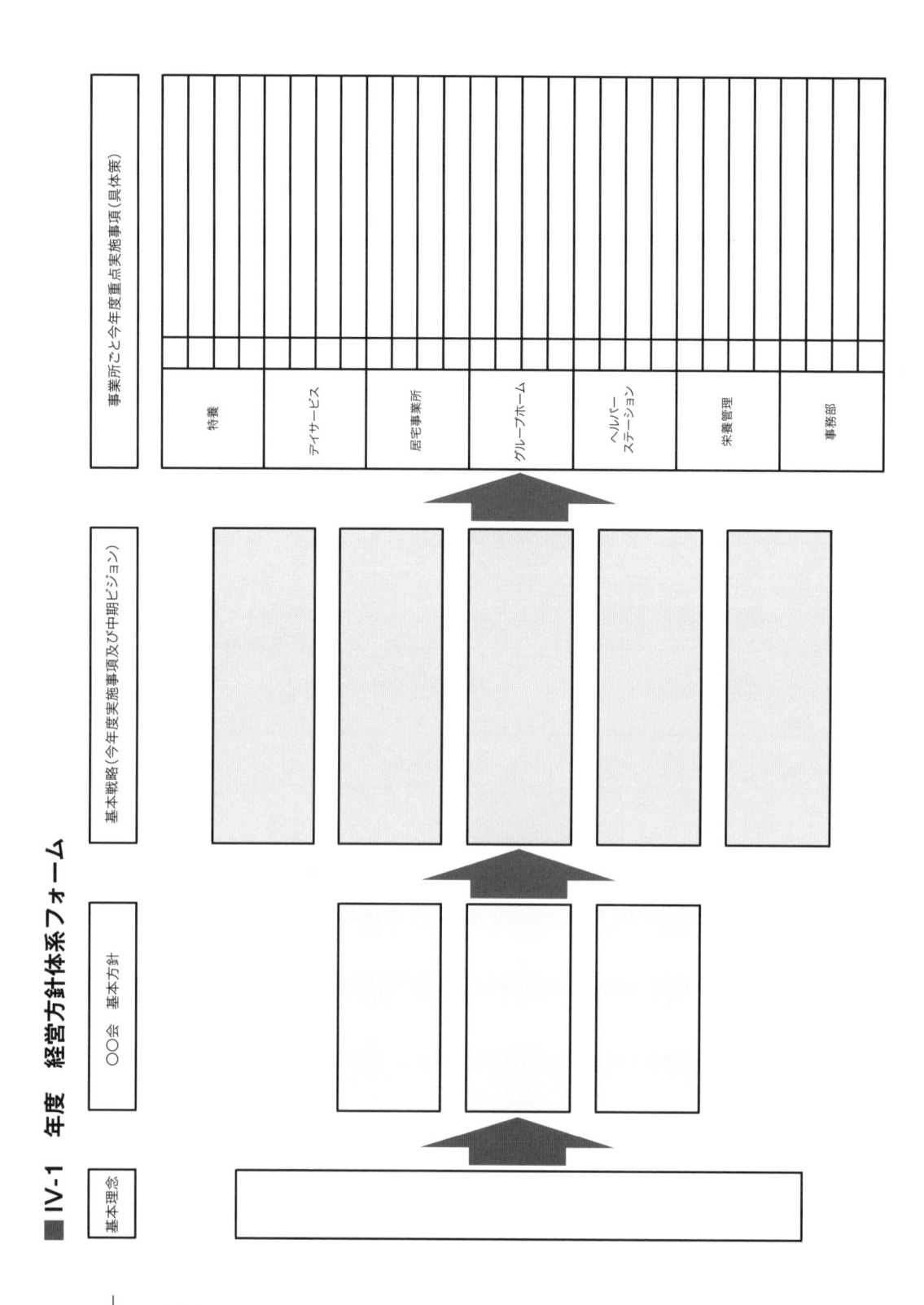

IV-1 年度 経営方針体系フォーム

基本理念	○○会 基本方針	基本戦略（今年度実施事項及び中期ビジョン）	事業所ごと今年度重点実施事項（具体策）

事業所区分：特養／デイサービス／居宅事業所／グループホーム／ヘルパーステーション／栄養管理／事務部

■ IV-2　前期の反省フォーム

	前期のプラスの出来事・プラス要因	前期のマイナス出来事
①		
②		
③		
④		
⑤		

	前期の計画からの反省と未解決テーマ	前期中に新たに発生した課題
①		
②		
③		

⬇　　　⬇

	前期反省と新テーマ・中期ビジョンから出た今期の課題
①	
②	
③	
④	
⑤	
⑥	
⑦	

■ IV-3　年度　部門方針・行動計画モニタリングシート

年度部門スローガン

年度部門数値目標

	目標項目と数値基準 (ここまでできたらA評価)（左は項目　右は数）	上半期目標	上半期結果	下半期目標	下半期結果
目標項目と 数値指標①					
目標項目と 数値指標②					
目標項目と 数値指標③					
目標項目と 数値指標④					

今期の重点方針

1	
2	
3	
4	
5	
6	
7	
8	

※3か月に1回は実施状況をチェックし、未実施なら、チェック欄に記入し、どの会議や期限までに、何を実施するかの予定を次の四半期計画に入れる

※四半期の実行予定は、新たな行動予定を次の四半期計画に記入する

	部門方針	重点具体策及び実施項目 (準備、仕掛け、段取り)	責任者 または主担当		第1四半期中にどこまで進める (チェックできる具体的な予定、 おおよその月度も入れる) H○年○月～H○年○月	第2四半期中にどこまで進める (チェックできる具体的な予定、 おおよその月度も入れる) H○年○月～H○年○月	第3四半期中にどこまで進める (チェックできる具体的な予定、 おおよその月度も入れる) H○年○月～H○年○月	第4四半期中にどこまで進める (チェックできる具体的な予定、 おおよその月度も入れる) H○年○月～H○年○月
1				実行予定 CH結果				
2				実行予定 CH結果				
3				実行予定 CH結果				
4				実行予定 CH結果				
5				実行予定 CH結果				

今年度戦略的な取り組み（準備と段取りが重要な計画的な実施事項）

部門方針	重点具体策及び実施項目 (準備、仕掛け、段取り)	責任者又は主担当		年間実行スケジュール											
				4月	5月	6月	7月	8月	9月	10月	11月	12月	1月	2月	3月
			予定と結果												
			結果コメント												
			予定と結果												
			結果コメント												
			予定と結果												
			結果コメント												
			予定と結果												
			結果コメント												
			予定と結果												
			結果コメント												
			予定と結果												
			結果コメント												
			予定と結果												
			結果コメント												
			予定と結果												
			結果コメント												
			予定と結果												
			結果コメント												
			予定と結果												
			結果コメント												
			予定と結果												
			結果コメント												
			予定と結果												
			結果コメント												
1	2	3	4													
従来からの取り組み（計画書で定期チェックしなければ実行度が上がらない事項）														

IV-3　年度　部門方針・行動計画モニタリングシート

■ IV-4　今期の経営方針・スローガンおよび重点具体策

Ⅰ　今期の経営スローガン

（目指したい姿の一言集約。〜しよう）

Ⅲ　今期の重点具体策と年間執行スケジュール

	重点具体策	重点具体策を実行するために必要な準備、段取り、詳細内容〈具体的に行動内容が見えるような表現。誰がいつまでにどのようにといえるような具体的な行動項目〉	誰が行うまたは担当部門	いつまでに形にする
1	地域に開かれたオープンセミナー（園主催、後援は教育委員会）	年1〜2回の地域に対してのメンタルヘルスセミナー（臨床心理士）		
2	プロモーションビデオの有効活用	リクルート対策としての大学関係の学生課・進路指導関係の部署への配布（○大学、○高校、○専門学校等）	学校別担当者	
		見学者にPV鑑賞、利用者家族、これからの見込み利用者、関係機関への配布		
		職員教育として活用		
3	教育カリキュラムが徹底できる仕組みづくり	ポイント制度の型決め	幹部会	
		必要テキストや必要社内講師、レクチャーの型決め	幹部会	
4	キャリアパス制度の確立	キャリアパス（年次別研修と職能）の内容の確定	素案は理事長	
		職員向け説明会の実施		
5	ヘルパーの報酬見直し	新報酬制度の素案作成		
		新報酬制度の確定	幹部会or施設長会	

II　今期の経営方針

（今期実現したい経営の姿。反省と中期ビジョンを参考）

地域に開かれたオープンセミナー（園主催、後援は教育委員会）
プロモーションビデオの有効活用
キャリアパス制度の確立
教育カリキュラムが徹底できる仕組みづくり
ヘルパーの報酬見直し

	第1四半期中にどこまで進める （チェックできる具体的な予定、おおよその月度も入れる） H22年4月〜H22年6月	第2四半期中にどこまで進める （チェックできる具体的な予定、おおよその月度も入れる） H22年7月〜H22年9月	第3四半期中にどこまで進める （チェックできる具体的な予定、おおよその月度も入れる） H22年10月〜H22年12月	第4四半期中にどこまで進める （チェックできる具体的な予定、おおよその月度も入れる） H23年1月〜H23年3月
予定		メンタルヘルスセミナー①		メンタルヘルスセミナー②
結果				
予定	4月中旬に完成納品 ・6月から担当学校へPV配布 5月　関係機関や利用者関係へ配布先と担当、配布方法について検討実施 5月　職員教育用としての活用方法の検討	→		
結果				
予定	6月までに、教育カリキュラムの確定（幹部会）			
結果				
予定	4月　職員説明会（制度の説明）	7月までにキャリアパスの完成（教育カリキュラム完成後）		
結果				
予定	5月中に新報酬体系の決定 6月から新報酬制度でヘルパー処遇改善を図る			
結果				

IV-4　今期の経営方針・スローガンおよび重点具体策

■ IV-5 【特養・ショート】部門 部門方針・行動計画

2011年度 部門スローガン

おもてなしの心で介護

2011年度部門数値目標

	（ここまでできたらA評価）〈左は項目 右は数値〉	上半期目標
目標項目と数値指標①	女性利用者の化粧療法（メイク実施）の延実施数（30名が該当者）	延50名	18名
目標項目と数値指標②	利用者家族との平均面談数（現在？回）		
目標項目と数値指標③	ショートステイ利用者数の占める他ケアマネからの利用率（？%前後）		

※3か月に1回は実施状況をチェックし、チェック欄に記入。未実施なら、新たな行動予定を次の四半期計画に入れる

今年度戦略的な取り組み

	部門方針	重点具体策及び実施項目（準備、仕掛け、段取り）	責任者または主担当
1	外出機会の多頻度化	①シルバーリフレッシュ体験、外出レク後に「利用者の感想」「職員の感想」とそのレクの評価結果を公表する…即日メモ書きで残しておく ②○○町資料館に定期訪問（第4金曜） ③入所者誕生日に自宅へ訪問ドライブを行う	I
2	個別ケア（化粧療法）の取り組み（利用者メイクを付加価値として全面PR）	①該当者に第1・第3日曜のお茶会で化粧をして写真撮影する ②茶会で4名位に皆の前でメイクしてあげる。その日には該当者の家族も招待し、メイク風景と利用者の喜びの場面を見せる（家族写真も撮る）	メイク責任者 F
3	趣味活動の充実	①第1木曜の「お料理クラブ」実施後に「利用者の感想」「職員の感想」とその評価結果をその日に聞きとり公表する	O主任
4	パットのムダ排除	①月ごとに人数と数量の確認をし、在庫チェックを行い毎月比較する ②利用者ごとの個別のパット使用方針の確定	A、E
5	お茶活用による褥瘡防止の取り組み	①防臭効果のあるお茶で陰部洗浄の実施 ②お茶使用結果の検証	H、Y
6	同性による入浴介助の取り組み	①特定の利用者へ同性入浴介助を実施	F、D
7	食事形態の変更が必要な利用者への組織としての早期の対応	①食事状況の記録を行う ②ドクターと管理栄養士に相談できるような記録の提出	M係長
8	利用者家族へのメール取得で情報交換の多頻度化	①利用者家族へ状態の良い変化、悪い変化もタイムリーにメールで送付 ②メール取得キャンペーンで取得	

上半期結果	下半期目標	下半期結果
	36名	

※四半期の実行予定は、どの会議や期限までに、何を実施するか予定を記入する。

	第1四半期中にどこまで進める (チェックできる具体的な予定、おおよその月度も入れる) 4月～6月	第2四半期中にどこまで進める (チェックできる具体的な予定、おおよその月度も入れる) 7月～9月	第3四半期中にどこまで進める (チェックできる具体的な予定、おおよその月度も入れる) 10月～12月	第4四半期中にどこまで進める (チェックできる具体的な予定、おおよその月度も入れる) 1月～3月
実行予定	①感想メモの配置とボックスの設置 ②毎月1回(第3水曜)の勉強会の時間に発表	シルバーリフレッシュ体験(第2火曜)実施後、感想メモの配置とボックスの設置		
CH結果	歴史民俗資料館は定期訪問継続中	ボックス配置は未実施		
実行予定	2F食堂ホールの一角で実施(工事中6月末) 家族招待の手紙、舞台に演出(スポットライト、看板、ひな壇等)の準備(6月までに完備)	①月1回ベースで実施予定(今後はショートも該当させる) ②特養便り(イベント広報)を製作し化粧療法結果を掲載し、利用者やケアマネへ配布‥8月末に作成し9月敬老会で配布		
CH結果	・工事せずに昼間に実施 ・毎月1回で実施(3～4名/回、家族写真も撮っている。利用者も家族も喜んでいる感想が出ている) ・記録もとり、家族にも渡している	継続		
実行予定	①感想メモの配置とボックスの設置 ②毎月1回の勉強会の時間に発表	継続　　　　　　　　→		
CH結果	お料理クラブを開催後、2～3日で会議を開いて感想を述べ合っている	継続		
実行予定	①月の使用数量を出す ②勉強会の時間に検証 ③利用者個別のパット替え方針の検討(6月末)	継続	①月の使用数量を出す ②勉強会の時間に検証 ③利用者個別のパット替え方針の検討(冬の判断は12月末)	
CH結果	排泄委員がデータ収集し、勉強会時にムダの場合の報告と伝達をしている ・利用者別にパット替え方針を決めた	個人ごとの数値はまだ未作成		
実行予定	①どういうお茶の使い方が効果的か調査(5月末) ②1日1回使用したチェック表の作成 ③お茶洗浄効果を比較検証する利用者を決める	①お茶効果の検証結果発表(9月末) ②3事例(かぶれ防止効果のデータ分析結果(かぶれが軽くなったかどうか。どれくらいの量だったか) 継続		
CH結果	・陰部洗浄での消臭対策(一番茶)になっている ・褥創の消毒効果はあるが、褥創防止には直結していない	データ作成は未実施		
実行予定	①女性の同性入浴希望の利用者から、同性入浴の結果の反応を見る	継続		
CH結果	特定の女性利用者には女性介助にした	継続		
実行予定	①食事形態と摂食状況の記録パターンの作成(ドクターと管理栄養士が理解しやすいような記録方法) ②ケア会議で記録の提出と食事変更の検討	・食事形態変更の検討は「各立場の人の意見書」を管理栄養士に提出し議論決定 ・食事の不具合を毎回チェックし、1週間まとめて栄養へ報告(3か月のデータ分析を栄養へ提出)		
CH結果	ケア会議でのデータ提出は1回実施	実施中		
実行予定		・請求書にメール案内やメール取得の取り組み開始(空メール)‥8月～		
CH結果	メールの動きはしていない。家族からはメールがあればうれしいと評価	返送メールが6件(49件中)		

IV-5 【特養・ショート】部門　部門方針・行動計画

■ IV-6 【デイサービス】部門　部門方針・行動計画

2011年度　部門スローガン

| 「見える」介護サービスで新規利用者の確保 |

2011年度部門数値目標

	（ここまでできたらA評価）〈左は項目　右は数値〉		上半期目標
目標項目と数値指標①	1日平均利用者数（H22年上期は80％、下期平均稼働率60％）	年間80％1日平均利用者数32名	1日平均目標88％利用者数35.2名
目標項目と数値指標②	登録者数 既存71名 予防27名	年間利用者数 既存80名/予防30名	既存83名 予防32名
目標項目と数値指標③	入浴利用者数85％及び個別機能訓練加算90％	年間入浴者数　90％ 1回50円　年間個別数 90％　1日27円	入浴95％ 個別95％

※3か月に1回は実施状況をチェックし、チェック欄に記入。未実施なら、新たな行動予定を次の四半期計画に入れる。

		部門方針	重点具体策及び実施項目 （準備、仕掛け、段取り）	責任者または主担当
今年度戦略的な取り組み	1	新規利用者の確保	①PRできる箇所のビジュアルパンフと実務PR的な冊子（利用者の声、改善事例等）作成 ②事業所への配布 ③○○への配置させていただく	☆S課長 Y主任 H主任
	2	入院した利用者へのフォローアップ	①長期入院者及び短期入院者の把握をする ②復帰可能なご利用者を把握し訪問する	☆S課長 K
	3	ケアマネを招待した現場見学会	①パンフ作成後に3か月1回季節メニュー作成時に開催 ②見学会は、音楽療法開催時	☆Y主任 H主任 S看護師
	5	自立参加型レクの導入	①利用者の経歴や特性を把握 ②利用者を主人公にしたレク開発（利用者に運営してもらい、やる気につなげる） ③音楽療法をベースにしたレクの充実	☆K W O
	6	出張による介護教室の開催	①老人会に勉強会カリキュラムを提案する ②健康教室、介護教室等の企画	☆S看護師 K H
	7	チーム運営による全員参加型会議の実施	①YG、HTの2グループリーダー中心のミニミーティングの開催 ②SM、YG、HT3名によるデイ幹部会の開催	①H、K、G F ②Y、G、T

上半期結果	下半期目標	下半期結果
	1日平均目標70% 利用者数28名	
	既存78名 予防28名	
	入浴85% 個別90%	

※四半期の実行予定は、どの会議や期限までに、何を実施するか予定を記入する。

	第1四半期中にどこまで進める (チェックできる具体的な予定、おおよその月度も入れる)	第2四半期中にどこまで進める (チェックできる具体的な予定、おおよその月度も入れる)	第3四半期中にどこまで進める (チェックできる具体的な予定、おおよその月度も入れる)	第4四半期中にどこまで進める (チェックできる具体的な予定、おおよその月度も入れる)
	4月～6月	7月～9月	10月～12月	1月～3月
実行予定	①レイアウトと記載内容の確定(5月前半) ②サービス時の写真撮影や苑庭での活動、露天風呂使用時のPRできるものをまとめる。(写真撮影は5月下旬まで) ③利用者に対して今までに改善できたもの、改善内容などのまとめ。 ④事業所配布(6月～)	・パンフ編集方針(掲載コンテンツ)の決定(Y) (眺望のよい苑庭、化粧衣装の回帰療法、食事、自立レク、天然温泉、音楽療法…基本は自然療法とリラクゼーション) ・食事は照明付でデイで撮影する ・パンフ作成…9月15日まで	・各事業所へパンフを配布(居宅、包括、病院、民生委員、郵便局への設置、温泉設置)	
CH結果	写真は撮影したが、パンフ作成まだ	パンフは作成済み。		
実行予定	①復帰可能な13名様のご自宅や病院を訪問し施設での行事予定表などを渡し皆がお待ちしていることを伝える。(100均の脳トレを土産に)	8月から入院中の利用者へ状況確認の継続		
CH結果	2件訪問(K)。入院中の利用者も復帰予定。	予定どおり退院している。退院して入所に変わった利用者もいる		
実行予定	①栄養課との連絡調整をする。(4月下旬から撮影開始)撮影はデイ ②音大講師との事前打ち合わせをし、見学者にも参加できる活動を開催していただく。 ③ケアマネへ開催要項の案内 ④6月16日現場見学会実施(ケアマネ試食会つき)	①10月中旬開催で、ケアマネへの案内を9月中旬 ②パンフが9月完成するので、配布と秋メニュー試食会、シルバーリフレッシュ講演or音楽療法の現場見学会	OKなら ①経営戦略会議でデイと栄養との試食会決定 ②12月中 冬メニューで試食会見学会実施 ③シルバーリフレッシュ講演、DVDor音楽療法の現場見学会	①経営戦略会議でデイと栄養との試食会決定(栄養課へ施設長から指示) ②2月中 春メニューで試食会見学会実施 ③シルバーリフレッシュ講演、DVDor音楽療法の現場見学会
CH結果	未実施	未実施		
実行予定	未実施	下調査済み。いくつか試し実施(集合レク以外でハンドベル、水絵、マッサージ)特技一覧は未作成	①相談員を中心に利用者からの聞き取りをし各個人の得意分野のまとめを今できることを探し出す(相談員が家族から聞き出してもらう) ②皆で参加できる音楽の取り入れをする。特技一覧表を作成(H24年度から導入)	①利用者が自立レクをすれば、ポイントとしてマッサージ券を配布する
CH結果	未実施			
実行予定	①第2第4月曜日に2グループのミニミーティング ②第3月曜か火曜日に幹部会記録を残す。		①事前にデイサービス内で勉強会を開催し内容の検討を行う。 ②グループホームより近隣の老人会を紹介してもらい趣旨の説明をする。(地区ごと老人会の担当決めとアタック一覧の作成)	来期実施予定に入れる
CH結果			未実施	
実行予定				
CH結果				

My Way of Consulting ④

Column　ホウレンソウの漏れがなくなるチームの作り方

　組織運営の生命線は「報告・連絡・相談」、つまり「報連相（ホウレンソウ）」だといわれている。これは介護の現場であっても同じだ。多くの部門やチームで、その重要性はわかっているはずなのに、ホウレンソウの漏れや遅延によるヒヤリハットやトラブル、事故は枚挙に暇がないほど起こっている。

　なぜ「ホウレンソウ」の漏れや遅延が起きるのだろうか。順不同になるが、「ホウレンソウの遅延と漏れ」が発生する要因として、以下のことが考えられる。各ケース別に対応を整理してみよう。

□そこまで重要（または緊急性が高い）だとは思わなかったというケース
　認識の違い・経験の違いから発生する「自覚不足」が原因のホウレンソウの漏れ。介護事業所であれば、利用者の生命に関する事柄は、誰もが第一義にすることだ。しかし、そのほかのことでは、どれが重要で緊急度が高いのかは、法人や部門の方針、目標によって異なってくる。したがって、日頃の指導のなかで優先順位の高い項目を伝え、またホウレンソウの漏れや遅延があれば、適時・適切に、指導することが求められる。

□次の作業に忙殺されて、ついつい忘れてしまったケース
　本人に悪気があったわけでも、職務怠慢が理由でもない。こういったケースを撲滅するには、「その場でメモる」習慣が必要だ。手のひらや甲をメモ帳代わりにして書いているケースも見るが、見た目もよくないし、衛生管理上、疑問もある。そこで、小さな手帳や付箋を常に持ち歩き、その場で書く習慣をつけるようにする。

□記録帳やイントラネットに登録しようと思っていたが、機会を逸してしまったケース
　物事の間違いを防止したり、多くのスタッフに情報を共有してもらおうと、記録帳やイントラネットに書き込むことがある。しかし、スピードが必要な報告・連絡の場合は、そういったルートは後回しにしてでも「迅速性」を優先することが求められる。まず、口頭報告して、その後で記録帳やイントラネットを使うように心がければよい。

□特定の人に苦手意識があり、自分でなんとかしようと思って報告しなかったケース
　報告に対して文句や叱責を言われたりすると、そういう上司への報告は疎遠になりがち。でもそれは、職員の個人的な感情を優先したレベルの低い発想といわざるを得ない。私的感情を優先してトラブルになれば、それこそ利用者に対する「職業人としての倫理観の欠如」というそしりは免れない。

□報告はしたが、大事な情報を伝えそびれてしまったケース
　報告内容の重要度、優先度を考慮しないで、自分で加工・修正したりすると、大切な報告が抜け落ちることがある。報告では、自分の見解を入れずに、すべて事実を報告させるように厳しく指導しなければならない。

　よい組織の条件に、ホウレンソウのレベルが、「迅速・細心・正確」かどうかということがある。「ホウレンソウ」が組織活動の基本であることを十分に認識させよう。

Category V

職種別職能要件書
【職能評価シート】作成
コンサルティングの進め方

1 職種別職能要件書（職能評価）の必要性（メリット）

どんな組織でも人事評価の基準づくりには頭を抱えている。介護事業所にも評価の不公平感は必ずある。本章で示す技能・知識・経験差による「職種別職能評価」という概念は、評価の公平化、公正化に一役買うシステムといえる。

(1) 曖昧な人事評価による査定を補完する技能評価として

> ①どんなに「考課者訓練」を行っても、人事考課は査定者によって評価結果が大きく異なり、完全無私の公平性は担保できない。
> ②「積極性」「規律性」「協調性」「基本姿勢」等の感覚的な評価が主である人事考課に対して、「職能要件書をベースとした職能評価」は、固有技能や到達レベルが具体的な表現で明記されたものである。
> ③職能評価は、職種別・経験能力別に要求項目が異なり、「できる」か「不足」かがハッキリ評価できる仕組みであり、考課者によって誤差が少ないのが特徴である。

(2) 職員のキャリアパスの具体的な目安として

> ①「入職後、何年経験し、どういうことができるようになったら、どんな職位で、どういう給与になるか」の基準をつくるベースになるのが「等級別職能要件」である。
> ②職員に将来のビジョンと夢を抱かせ、業務に勉励してもらうための必須ツールである。

(3) ベテランでも等級要件に合わない場合の理論的な減給条件として

> ①年齢と勤続年数が高く、比較的高給の割には、貢献度も能力も低い場合、等級を適正なものに下げる必要がある。
> ②この場合、当初の等級は、その給与に見合った等級でスタートし、次回・次々回の職能評価で降格を行う。
> ③降格の理由が「技能レベル」に直結した評価なので、説得もしやすい。

(4) 若手でも能力があれば早い段階で昇格昇進する条件として

> ①能力も貢献度も高く、やる気もある若手を早く昇給させたくても、他の職員

とのバランスやベテランの給与等がネックとなり、処遇で報いることができない場合、離職する可能性がある。
②その場合、役職者につけなくても、能力に見合う等級を上げて基本給を上げることが可能な仕組みである。
③当初の等級は給与に見合う等級でスタートし、次回・次々回の職能評価で、昇格を行うようにできる。

(5) 中途採用者の給与を決める時の参考として

①中途採用者の本採用時の基本給決定において、他の施設での経験を考慮し、「職能評価」で該当等級を決めれば、およその給与を提示することができる。

2 管理者向けの職能要件書（職能評価シート）作成の説明

　職能要件書や職能評価をいちばん理解し、実際に活用していくのは管理者である。その管理者に理解してもらうためには、「見える資料」で説明するのが近道である。いくら概念が立派でも、具体的な内容や職能要件の中身をイメージしてもらえなければ、管理者の理解を得るのは難しい。

(1) 管理者を集めて1時間程度の勉強会開催を理事長や施設長、事務長へ依頼する

①職能評価とはどういうものかをプロジェクターで見せながら、実務に直結した評価項目であることを理解してもらう場にする。
②説明を聞けば、管理者クラスが本来ほしいはずの職能評価シートなので、欠席者がいれば、再度説明会を行う。**V-5　職種別職能評価シート作成のポイントと病院・施設のドキュメント**を紹介し、およその流れを理解してもらう。

(2) 職能等級基準フレームの説明

①「1等級」から「5等級」までの定義を説明する。
②**V-1　職能資格基準フレーム**を参考に、等級の基準をベースに、その法人の状況に沿ったフレームを作成する旨を説明する。
③職能資格基準フレームは、およその等級と役職が職種別に記載されているもので、このフレームが決まれば、「職種別職能要件書」の作成に入りやすい。

(3) 他の介護施設の職能評価シートの説明

> ① **V-2 職能要件書（入所介護）、V-3 職能要件書（訪問介護）、V-4 職能要件書（デイサービス）** で他施設の事例を職種別に見せる。
> ②プロジェクターに投影して、等級ごとの職務基準や作業内容を見せて、イメージをわかせてもらう。
> ③職能要件書(職能評価シート)から、仮等級の整合性を決めることを説明する。
> ④職能要件書（職能評価シート）の各項目の作業レベルは、施設ごとの状況で変えてかまわないことを伝える。
> ⑤また、職能項目は、自施設や病院の方針、戦略、レベルによって変えてよい旨を伝える。

(4) 部門ごとに職能要件書（職能評価シート）検討の宿題を出す

> ①管理者向け説明会時に、宿題内容と期限をいい渡す。
> ②他施設の職能評価シートを元に、自部門で必要な職能要件と職務内容を期日までに検討するよう指示する（平均宿題期間は2週間〜1か月）
> ③宿題はデータ渡しなので、そのデータに追加・修正・削除して提出するように指示する。
> ④各職能要件の該当等級のレベルは、「職能資格基準フレーム」の等級ごとの定義を参考に、等級と職務能力の整合性をとるように指示する。

3 モデル事例を参考に「職種別面談」で確認・作成

一職種単位で面談(おもに管理監督者クラス)を行い、「職能要件書」を作成していく。そのとき、モデル事例を見せながら作成すると円滑に進んでいく。

(1) モデルの職能評価シートを参考に、自部門独自の職能評価シートを作成

> ①説明会後に、職種ごとの職能評価シート事例を元に、自部門の職能評価シートを検討させる。
> ②検討方法は、各管理者が複数で協議し、職務内容が易きに流れないようにシビアに検討するよう指示する。
> ③事例にある作業内容で、自部門で実施していない項目は削除し、逆に、事例になくて自部門で実施している作業内容は追加させる。

④また、事例の作業内容が、自部門ではもっと下位等級者が実施している場合は、事例ではなく、自部門の状況を優先して作成させる。上位等級者の場合も同様である。
⑤作業時間を短縮するために、作成過程では、管理監督者同士である程度決定し、職員の意見は聞かないほうが早くできる場合がある。
（ただし、決定後は、部門内で勉強会等を通じて説明する）
⑥実務面での作業内容と該当等級はほとんど網羅させる。
⑦管理者クラスの管理項目やマネジメント項目で、どの等級かわからない場合は、空白にしておく。
⑧まだ完成ではないので、赤ペン修正でかまわないと伝える。
⑨「職能要件書」は、役割責任内容や能力を測定する言葉が中心である。能力ではなく、やる気や姿勢に関する項目は書かないように指示する。

(2) 管理者に求めるマネジメント項目は、事前に経営陣と作成

①職種ごとの実務面の作業内容と該当項目は、部門ごとの管理者に任せられるが、マネジメント項目や管理項目、戦略項目などの、経営方針に関わる項目は、理事長・施設長・事務長を含めた経営陣とコンサルタントで事前に検討しておく。
②モデル事例にあるような内容をベースに、自施設にあった該当等級で作成し直す。
③これは、コンサルタントが事例をベースに主導権を握って進めれば、円滑にいく。あまり施設長等に依存し過ぎると進まないので要注意。

(3) モデル事例を使わず一から作成する場合

①**Ⅴ-6 介護職 等級別職能要件書一覧作成シート**を参考に、各作業別にレベル別の必要能力や知識、技能を明確化する。
②記述方法は同シートの上部に記載。
③**Ⅴ-6 介護職 等級別職能要件書一覧作成シート**を作成後、**Ⅴ-2 職能要件書（入所介護）、Ⅴ-3 職能要件書（訪問介護）、Ⅴ-4 職能要件書（デイサービス）**のように、等級別に点数表記ができるようなフォームに転載する。

4 職能評価シートをコンサルタントとの面談で検証

　各部門で作成された「職能要件書」をコンサルタントや会計事務所職員等の第三者とチェックする。このチェックによって、新たな変更修正箇所を管理者自らが発見することも少なくない。

(1) 部門ごとの職能評価シートを個別面談で検証作業

> ①いったん部門で作成された職能評価シートを、施設長・事務長（コンサルタント同席）の前で内容説明をしてもらう。
> ②1部門、30～60分前後で行い、管理項目や部門方針・戦略項目が入っているかを中心にチェックを行う。
> ③作業内容も、該当等級が妥当かをチェックする。（特に赤ペンで修正した箇所や削除、加筆した箇所を重点的に確認する）
> ④特に、本来はもっと下位等級者が行うべきことを、人員不足で上位等級者が実施している場合があり、それをそのまま上位等級に書いているケースもあるので、要チェックである。
> ⑤検証作業には、コンサルタントが同席したほうが円滑に進みやすい。

(2) 検証で了解された職能評価シートの入力

> ①検証作業で了承された内容と項目や修正された項目を、元データに直接入力して「別名保存」で部門ごとに作成する。（この場合、コンサルタントが入力すれば、基本データは確保できる）
> ②作成されたデータをその後、各部門の責任者にデータ配布またはプリント配布する。

(3) 「職能評価シート」は状況が変われば見直す

> ①各部門は、人員の配置や制度変更・設備・改善の状況等で、必要作業能力が変化していく。
> ②2年に1回は、等級評価の前に、項目の妥当性や難易度の表現を見直すことが求められる。

5　作成後の実際の職能評価シートの運用

職能要件書は評価、教育に反映してこそ意味がある。次の流れで実務的に運用する。

(1) 現在の能力を把握するための仮評価を記入

> ①各職種の職員の能力評価を、職能評価シートで行うため、まず、「誰が、誰を評価するか」を決定する。（評価は実務を見ている人でないとわからない）
> ②職能資格基準フレームに沿って、各職員の仮の該当等級を決める。
> ③個人別にその等級に相応しい職能評価シートに記入する。
> ④「90％以上できていれば、0（ゼロ）を記入」する。
> ⑤その結果、各等級の合計欄に該当率が出る。
> 　（80％以上あれば、その等級要件はほぼクリアしていることになる）
> ⑥80％未満の場合は、その下位等級の要件で再度評価してみる。
> ⑦職能評価の項目にあっても、実際に実施していない業務や、当てはまらない業務はカウントしない。（該当しない列を削除すれば、分母からも外れるので、％が小さくならない）

(2) 給与レベルにあった等級を記入（左肩の欄）

> ①給与レベル（または職能資格基準フレームの経験年数）で、他の職員と比較した場合、(1)の仮評価の結果が良くても悪くても、同じ等級にする。
> ②(1)の仮評価が給与レベルの等級より悪ければ、導入後2年目には、降格処置を行うことができる。
> ③逆に給与レベルの等級よりよければ、今度は昇格処置を行うことができる。
> ④昇格も降格も、実質的な基本給の変動を意味する。

(3) 職能評価シートをベースに面談の実施

> ①職能評価シートの各結果を説明する。（できていると判断される個所とそうでない箇所を説明し、本人はどう感じているかを聞く）
> ②「給与レベルでの等級」と「現在の能力での等級」を比較し、異なる場合は、今後の取り組み姿勢について十分に説明する。
> ③特に、給与レベルに合った等級ではない職員には、「1年後の職能評価で大きく変わらないと等級が下がり、基本給も下がる」旨を説明する。

■ V-1 職能要件書作成のための参考　職能資格基準フレーム

職能レベル	職能等級	職能資格の等級定義 (業務と職能の等級区分)		基本滞留年数	入所（介護・看護）	グループホーム	小規模多機能	業務部	栄養課	通所（介護・看護）	訪問介護	居宅（ケアマネ職）
		上限等級										
一般職	1等級	反復定型業務										✕
		1	具体的な指示または定められた手順に従って行う単純定型業務									
		2	一般的に学卒後3年前後でできる範囲の業務能力である(能力が高い場合は2年経過後、2等級もありうる)									
		3	異業種からの転職で2年未満、関連部門等の異職種からで経験年数が1年前後でできる範囲の業務能力である									
	2等級	一般定型業務										
		1	一般的な指示または定められた基準に従い、多少の経験と熟練によって行う一般定型業務									
		2	一般的に配置後2年～5年(学卒・中途含む)の経験でできる範囲の業務能力である(能力が高い場合は5年経過せずとも3等級もありうる)									
		3	5年以降の経験でも、習熟レベルが低く「任せることができない」レベルや、また指示したことにも未熟な面が多い場合は、2等級のままである									
		4	同業同職種からの転職で、同職種での経験が5年以上、同レベルの2等級職員と同等の能力があると判断されたときの能力である。									
		5	相当年数の経験があるにも関わらず能力評価が低く降格の場合の最低等級である									
		6	1等級へ上司から指示されたことを伝え、また簡単な院内ルールの説明ができる									
	3等級	複雑定型業務										
		1	概括的な指示(方針、指針、一般命令)に従い、経験と習熟によって行う複雑な定型業務									
		2	中級職員からの指示で下級者へ実務指導、監督補佐ができる									
		3	法人内での配置転換で前職場で3等級の職員は、配置後6か月以降の査定までは同じ3等級である。(査定後、実務能力が甚だしく低い場合は、マイナス査定となり、その回数により2等級になることもある)							調理主任		
		4	同職種における経験年数が7年以上で　通常の業務をほとんど経験し、高度かつ複雑な判断の伴わない一般業務では、ほとんど任せることができ、「一人前」と判断されるレベルである									
		5	同職種からの転職の場合、前職で7年以上、同レベルの3等級職員と同等の能力があると判断されたときの能力である									
		6	経験年数が7年以上(仮に20年以上)でも、それ以上の管理能力、指導能力がなく、かつ職種としての平均レベルの範囲内で　高度な専門能力の発揮がない場合は3等級のまま									

介護事業経営 コンサルティング・ノウハウ 取得研修会のご案内

出張型「介護事業経営コンサルティング・ノウハウ取得研修会」をご案内します。
本研修は、本書にあるノウハウ取得を目指し、著者が直接出向き1〜3回に分けて、終日研修を行います。
会計事務所や各士業、医療介護関連の事業者向けの研修会です。
開催要項は下記のように進めていきます。ただし、進捗状況は依頼者のニーズによって変更することがあります。

■研修時間：7時間/回　10:00〜18:00（昼食休憩1時間）
■研修講師：㈱アールイー経営　代表　嶋田　利広　または
　　　　　　㈱東邦ビジコン　　代表　すずき佳久

■基本カリキュラム

1回目	●（講義）介護事業経営コンサルティングの基本 ●（講義）各コンサルティング・カテゴリーの導入から実施までの事例とポイント紹介…カテゴリー1〜4 ●（講義）書籍やデータプリントを見せながら提案するポイントとトーク ●（演習ロープレ）カテゴリー1〜4までの受注をするための、トークのロールプレイング
2回目	●（講義）ヒアリングしながら入力する現場コンサルティングの進め方 ●（講義）各コンサルティング・カテゴリーの導入から実施までの事例とポイント紹介…カテゴリー5〜8 ●（演習ロープレ）カテゴリー5〜8までの受注をするための、トークのロールプレイング
3回目	●（講義）各コンサルティング・カテゴリーの導入から実施までの事例とポイント紹介…カテゴリー9〜12 ●（演習ロープレ）カテゴリー9〜12までの受注をするための、トークのロールプレイング ●（演習）これからの目標設定（ターゲット別に提案、施工）

研修費用等は地域、交通手段によって異なりますので当社までご連絡ください。
1回のみの場合も対応します。
研修に必要な資料はデータで事前に送付します。
研修についての問い合わせは裏面の電話またはメールにてご連絡ください。

介護事業経営 コンサルティング・マニュアル
(書籍データVer)のご案内

『介護事業経営 コンサルティング・マニュアル』をご購入いただき
ありがとうございます。

本書に掲載されている文書類・実例を、ワードとエクセルで即加工修正できるデータとして、CD形式・ダウンロード形式で販売いたします(掲載内容は、本書の原データとなります)。

■対応ソフト　Windows Excel & Word (各2003以降)

■価　　格　CD版:21,000円(税込・送料別)　ダウンロード版:18,900円(税込)

貴社名	
ご住所	〒
連絡先	TEL　　　　　　　　　　　　FAX
注文者ご氏名	
メールアドレス	

※上記の個人情報は本件の目的以外には使用しません。
※本製品は予告なく内容を変更する場合があります。
※製品には万全を期しておりますが、万一不良等がございましたら、新品と交換させていただきます。
≪本製品を複製し、第三者への譲渡・販売・貸与・使用許諾することは法律で禁止されています≫

■申込方法
　上記の注文書に必要事項をご記入のうえ、FAXまたはメールで下記宛てお申し込みください。
　メールの場合は、上記の必要事項の情報を漏れなくご記入いただき、送信してください。

■お支払方法
　CD版の場合は、商品発送とともに請求書を同封しておりますので、商品到着後10日以内にお振り込みください。
　ダウンロード版の場合は、申込受付後にメールにて振込先のご連絡をさせていただきますので、ダウンロード後10日以内にお振込みください。なお、振込手数料は貴社のご負担にてお願いいたします。

FAX：096-334-5778　　　　メールアドレス：consult@re-keiei.com

株式会社　ＲＥ－経営(アールイー経営)　＜担当：日枝(ヒエダ)＞
〒860-0833　熊本市中央区平成3丁目9-20-2F　　TEL：096-334-5777
　※当社ホームページからも申込が可能です。「マニュアル／ノウハウＣＤ・ＤＶＤ販売」のページからお入りください。また、当社ホームページでは、一部サンプル画像もご覧いただけます。

URL：http://www.re-keiei.com/

職能レベル	職能等級	職能資格の等級定義（業務と職能の等級区分）	基本滞留年数	入所（介護・看護）	グループホーム	小規模多機能	業務部	栄養課	通所（介護・看護）	訪問介護	居宅（ケアマネ職）
		上限等級									
指導監督職	4等級	初級指導監督業務・判断業務 1 自らも判断を伴う業務を遂行する（プレイングマネージャー機能） 2 限定した範囲内で部下を指導監督する業務を行う 3 部分的に専門能力または管理能力を重要視され始めるレベル（複雑で困難な業務へも対応できる） 4 経験年数が10年以上で、組織上「主任職」には就けなくても、同等の能力がある場合 5 小規模部門の責任者として機能する		介護主任	介護主任	介護主任	事務主任	栄養主任	介護主任	主任	居宅主任
	5等級	中級指導監督業務・判断業務 1 自らの判断を伴う業務を遂行する（プレイングマネージャー機能より、管理機能へ比重が高まる） 2 小単位組織を管理し、相当の範囲内で部下を管理監督する業務を行う 3 単独または複数の初級管理者の監督責任者としてトータルマネジメント能力が重要視され始める 4 部門内での高度な専門的能力を持ち、相当複雑で困難な業務に対応できる		入所係長	GH係長	係長	事務係長	栄養課課長	デイ係長	訪問介護係長	サービス提供責任者
	6等級	上級指導監督業務・高度判断業務 1 自ら高度な判断を伴う業務を行う 2 複数の小単位組織を管理し、経営方針、部門方針に基づき自己判断で、組織活性化策が打てる 3 初級・中級管理者の複数の部門の統括管理者またはその補佐機能 4 高度な専門的知識と技能を持って部門のレベルアップ、合理化、効率化が図れる		入所課長	GH課長【ホーム長】	ホーム長【課長】	事務課長	施設管理課長・施設管理部長	デイ課長	訪問介護課長	
部門管理機能職	7等級	管理指導・企画立案業務及び専門業務 1 中単位組織及び複数の小単位組織を統括的に運営管理、マネジメント責任を果たす 2 自ら企画立案した業務を遂行する 3 優れた専門的知識と習熟度による数多くのケース事例を駆使し、実務指導と管理者の管理指導ができる 4 部門または関連部門、その他部門も客観的に見ながら経営面での企画立案、提案ができる		施設部長			事務長・業務部長				在宅・地域連携相談室長
	8等級	上級管理指導・企画立案業務及び専門業務 1 経営層を補佐するとともに、大単位組織、複数の中単位組織を統括し、マネジメント機能を持つ 2 経営方針、経営計画、高度なマネジメント判断を伴う業務の企画立案と、実施、組織での徹底ができる 3 優れた専門的知識と習熟度による数多くのケース事例を駆使し、高度な実務指導と管理者の高度な管理指導ができる									
経営管理職	9等級	経営管理・意思決定業務 1 経営責任者として権限と責任を有する 2 経営トップ不在時の代行機能と能力を持つ 3 中長期的な展望を見た経営方針、計画の立案と高度なマネジメント、対外活動の機能を持つ					統括部長・副施設長				
	10等級	経営管理・意思決定業務 1 最終経営責任者として権限と責任を有する 2 グループ経営トップ不在時の代行機能と能力を持つ 3 中長期的な展望を見た経営方針、計画の立案と高度なマネジメント、対外活動の機能を持つ					施設長				

■ V-2　職能要件書（入所介護）　実例

職種	介護
専門部署	（入所介護）

部署	
氏名	
現状把握時の等級	
仮格付け時の等級 （給与レベルにあった当初の等級）	
第1回評価時の等級	
第2回評価時の等級	

完全にできている	0	→半角数字の「0」を入力
まだ不十分	*	→半角の「*」(アスタリスク)を入力

「0」が90％以上あれば、この等級は完全クリアしている。

【入力手順】
1. 今年度の等級を左枠で確認し、該当等級までの項目を全てチェックしてください。
　（該当しない項目はその行を削除してください）
2. 「等級」は「独力対応等級」の欄に記載してあります。
3. 「0」または「*」を入力　（○×は入力が大変なため、この記号を使用します）
　※次年度は「*」の付いている項目のみチェック。
　　ただし、等級が上がる方は上の等級もチェックが必要です。

単位業務 （大まかな区分）	作業名		作業内容（〜して〜ができる）	独力対応等級	現状レベル把握のための評価	第1回評価 (　)	第2回評価 (　)
日常生活での対応	通常会話（コミュニケーションの基本）	1	利用者の意思を尊重し丁寧で優しい声掛けができる	1			
		2	利用者が話したい時に、否定せずに利用者の話を傾聴できる	1			
入退所時の対応	入退所時の対応	1	受け入れ準備（ベッドメイキング）ができる	1			
		2	入所者家族より日常生活の聴取ができ、丁寧な言葉使いと優しい態度で聞きだせる	1			
		3	私物の整理と確認ができる(入所,退所)	1			
		4	玄関までの送迎が心をこめて笑顔でできる	1			
基本介護	食事の援助	1	食事が楽しく安全に摂取できるよう明るく暖かい雰囲気で接するような食事介助ができる	1			
		2	食事援助の準備と片付け(湯茶、オシボリ、掃除等)が円滑にできる	1			
		3	個々の症状・状態に応じた、食事援助の準備・片付け(食堂・フロア)ができる	1			
		4	個々の症状・状態に応じた配膳(選択食時の対応、メニューの説明等含む)・下膳ができる	1			
		5	個々の症状・状態に応じた、一般的な摂取の介助ができる	1			
		6	個々の症状・状況を正しく把握し、摂取状況の観察・見守り(摂取量、時間、嗜好、刻みの程度等)が適切に行える	1			
		7	要観察者の摂取状況の記録と、状況の変更を発見した場合は速やかに担当ナースへの連絡ができる	1			
		8	摂取の観察から、食数、食形態等の変更を発見した場合は、速やかに関連の部門へ連絡ができる	1			
		9	安全と清潔に配慮し、正しい手順で経管栄養による食事摂取の状況を小まめに観察できる	1			
		10	利用者が食事をより摂取しやすくするための自助具の工夫・援助・相談ができる	1			
		11	個々の症状・状態に応じて、安全・清潔に配慮した歯磨き・うがいの介助ができる	1			
	排泄の援助	1	丁寧な言葉使いと優しい態度で接し、羞恥心に配慮したケアができる	1			
		2	プライバシーに配慮し、オムツ交換(準備・介助・片付け)が行える	1			
		3	利用者個々の症状・状況に応じた、トイレ介助が行える	1			
		4	利用者個々の症状・状況に応じ、プライバシーに配慮したポータブル便器器の介助・取扱いが行える	1			
		5	排泄物の状態を、的確に観察・記録(異常、量、色、匂い、分泌物の有無)でき、異常があれば関連部門への連絡・報告ができる	1			
		6	プライバシー・羞恥心に配慮して、陰部の洗浄が行える	1			
		7	清潔・安楽に配慮して、尿・便失禁の対応ができる	1			
		8	清潔・安楽に配慮して、留置カテーテル挿入者への対応ができる。観察しナースへ適切な報告ができる	1			
		9	正しい知識を持ち、清潔・安楽に配慮した人工肛門への対応ができる。観察しナースへ適切な報告ができる	1			
	個別排泄ケアの実施	1	利用者の症状・状態に応じた、排泄ケア計画の作成・変更(目標の設定、オムツ等の選定等)ができる	1			
		2	関連する部門のスタッフへの情報提供とケア計画実施の徹底を図ることができる	1			
		3	経過観察(モニタリング)と再評価のための情報収集が適切にできる	1			

単位業務 (大まかな区分)	作業名		作業内容 (～して～ができる)	独力対応等級	現状レベル把握のための評価	第1回評価 (　)	第2回評価 (　)
基本介護	入浴の援助	1	個々の症状・状態に応じた浴室の準備・片付けができる	1			
		2	利用者の入浴前後の体調、中止者の確認、関係部門への連絡が速やかに正確にできる	1			
		3	一般浴の介助・機械浴の操作および介助が安全・安楽に配慮して行える	1			
		4	清潔に配慮し、必要に応じた着替えの準備ができる	1			
		5	個々の症状・状態に応じた着脱衣の介助ができる	1			
		6	利用者個々の状態を適切に観察(皮膚の異常、全身の状態等)でき、異常を発見した場合は、速やかに連絡・報告ができる	1			
		7	入浴を好まない方に対しての入浴の介助を行うことができる。または、清拭・足浴など入浴に変わる援助を行い清潔への援助ができる	1			
		8	個々の症状・状態に応じ、予測される入浴時の危険防止に務めることができる	1			
		9	清潔・感染予防に配慮し、入浴用品の洗浄・消毒が適切に行える	1			
	移動の援助	1	安全・安楽に配慮した、車椅子の移動介助(各種車椅子の操作等含む)を行うことができる	1			
		2	安全・安楽に配慮したストレッチャーの移動介助ができる	1			
		3	安全・安楽に配慮した、杖・歩行器の移動介助ができる	1			
		4	トランスファー(状況に応じた安全な移動介助)が行える	1			
		5	個々の症状・状況に応じた歩行の介助ができる	1			
	リハビリに対する援助	1	利用者個々の症状・状況を的確に把握し、内容を専門職(OT、PT、ST等)に伝え、連携をとり援助ができる	1			
	保清の援助	1	個々の症状・状況に応じ、安全・安楽に配慮した洗顔・洗髪の介助ができる	1			
		2	個々の症状・状況に応じ、安全・安楽に配慮した口腔衛生(歯磨き、うがい、口腔清拭)が行える	1			
		3	個々の症状・状況に応じ、安全・安楽に配慮した髭剃り・爪切り・耳鼻清掃ができる	1			
		4	個々の症状・状況に応じ、羞恥心・プライバシーに配慮した清拭(部分・全身)が行える	1			
		5	個々の症状・状況に応じ、清潔に配慮した手指消毒が行える	1			
		6	個々の症状・状況に応じ、利用者の希望に添った理容美容の援助ができる	1			
日常生活の企画・実施	日常生活の活動 (1) (日常動作訓練の実施)	1	日次・月次スケジュールに基づいて、活動に必要な準備・片付けができる	1			
		2	日次・月次スケジュールに基づくプログラムの進行と実施ができる	1			
		3	活動中の利用者の観察を行い、変化があった場合は的確に記録できる	1			
		4	利用者個々の症状・状況に配慮した体操(集団・個別)・レクリエーション(ゲーム・楽器の演奏等)の実施ができる	1			
		5	活動中・活動後の利用者の状態・変化に応じて、PTとの連携(連絡・報告・相談)がとれる	1			
		6	新たなレクリエーションの提案ができる	1			
		7	音大の音楽療法と音楽活動の準備と支援、記録報告ができる	1			
		8	基準に沿って、必要な事項の的確な記録・報告ができる	1			
	日常生活の活動 (2) (趣味生きがい活動の実施)	1	日次・月次スケジュールに基づいて、活動に必要な準備・片付けができる	1			
		2	日次・月次スケジュールに基づくプログラムの進行と実施ができる	1			
		3	活動中の利用者の観察を行い、変化があった場合は的確に記録できる	1			
		4	利用者個々の症状・状況に応じ、利用者のやる気を起こさせるような作品創り(貼り絵等)の援助ができる	1			
		5	利用者個々の症状・状況に応じ、利用者のやる気を起こさせるような趣味教養活動の実施(3B体操、書道・生け花、調理等)ができる	1			
		6	活動中・活動後の利用者の状態・変化に応じて、PT・講師・ボランティアとの連携(連絡・報告・相談)が取れる	1			
	入所者との関わり	1	自分の担当利用者について、状況(健康状態、居室状態、日常状態等)を深く把握できる(担当利用者のことについては、どんな質問でも応えられる状態)	1			
		2	自分の担当利用者の家族に対して、挨拶だけでなく積極的に利用者についての説明ができる	1			
	リラクゼーションの実施	1	利用者がなごやかに過ごせるように、利用者の好みに応じた水分補給が行える	1			
		2	利用者の好みや、時・場所に応じたBGMの選定と実施ができる	1			
		3	利用者の気分転換・リフレッシュを図れるような、季節感の演出(模様替え等、壁面構成の工夫)が行える	1			

単位業務 (大まかな区分)	作業名		作業内容（〜して〜ができる）	独力対応等級	現状レベル把握のための評価	第1回評価（ ）	第2回評価（ ）
健康管理	数値の確認および測定の介助	1	通常の数値を正しく把握し、基準に従った体温測定ができ、異常があれば速やかに連絡・報告ができる	1			
		2	通常の数値を正しく把握し、基準に従った脈拍、呼吸の測定ができ、異常があれば速やかに連絡・報告ができる	1			
		3	通常の数値を正しく把握し、基準に従った体重の測定ができ、異常があれば速やかに連絡・報告ができる	1			
	与薬の実施	1	医師の指示のもと、利用者個々の配薬、与薬および確認(注意事項等含む)ができる	1			
		2	誤薬を防ぐための服用の見守り・名前の確認ができる	1			
		3	医師の指示のもと、利用者個々の症状に応じた湿布薬の貼布ができる	1			
	感染汚染予防対策	1	手洗い・うがい・消毒等一般的な感染予防対策の励行に努めている	1			
		2	食中毒汚染に関する予防対策の励行(飲食物および食器類の基本的な取扱い)に努めている	1			
		3	基準に従い、居室・介護機器等の消毒が適切に行える	1			
		4	排泄、出血、嘔吐時の介護基準に沿った、基本的な対応(ガウンテクニックの実施)ができる	1			
観察・記録	観察	1	利用者個々のADLを、ケース記録・申送り記録等により、的確に把握することができる	1			
		2	的確な症状の観察により、変化が生じた場合は、速やかにケアマネ、関連部門への連絡・報告ができる	1			
		3	利用者個々の精神状態の把握が、ケース記録や申送り記録等・観察により的確にできる	1			
		4	利用者個々の症状・状況を把握し、居室の生存確認を確実にした巡視ができる	1			
	記録	1	基準に沿って、利用者個々の状況・症状および、対応・対処方法を介護日誌に適切に記録し、情報として共有できる	1			
		2	ケアプランを理解した上で、利用者個々の状況・症状および、対応・対処方法をケースの記録として適切に記録し、情報として共有できる	1			
		3	基準に従って、利用者個々の状況・症状および、対応・対処方法を活動記録に適切に記録し、情報として共有できる	1			
		4	各種会議の会議録を、開催された際に的確に作成し、期限内に上司へ提出できる	1			
環境整備	環境の整備	1	居室・介護機器、用品の清潔整頓(居室・フロア・車椅子等)が行える	1			
		2	利用者個々の症状・状況に応じて、室温・湿度・換気・照度の調整ができる	1			
		3	利用者個々の症状・状況に応じた臭気対策を検討し実施ができる	1			
		4	利用者個々の症状・状況に応じた騒音防止(利用者の奇声、大声によるトラブルも含む)を検討し実施ができる	1			
		5	利用者個々の症状・状況に応じた照度・採光を検討し、実施できる	1			
	寝具・リネンの取扱い	1	清潔・安楽に配慮し、寝具、リネン類の定期的交換が行える	1			
	衣類の洗濯	1	洗濯業務に必要な、準備・片付けができる	1			
		2	基準に沿った、洗濯物の回収・預り(名前のチェックおよび名前付け)が確実にできる	1			
		3	洗濯業務の知識を持ち、的確に洗濯物の選別(一般洗濯・汚物洗濯・毛糸・化繊等の仕訳)ができる	1			
		4	清潔に配慮し、機器の特性・使用方法を正しく理解した、洗濯・乾燥設備の操作(洗剤の確認・フィルター清掃等)ができる	1			
		5	清潔に配慮して、乾燥物の仕訳(フロア別・個人別)が確実にできる	1			
		6	洗濯物の利用者への引渡し(収納・保管)が確実にできる	1			
		7	持ち帰りの洗濯物をバケツに入れる時には1つ1つ確認、整理することができる	1			
備品・物品関連業務	消耗品の管理	1	必要な介護用品の種類・数を把握し、的確な在庫チェックが行える	1			
		2	不足物品の請求(物品請求書の作成)が介護基準に沿って行える	1			
		3	基準に沿って、清潔に配慮し、物品の確認、収納、整理が行える	1			
	備品管理・機器点検	1	取り扱い説明書に沿った、適切な備品および施設設備取扱いができる	1			
		2	清潔・安全に配慮して、備品および施設設備の清掃、点検、保守が行える	1			
		3	それぞれに応じた適切な備品の保管が行える	1			
		4	備品および施設設備の故障、不具合を確認した場合は、速やかに上司に報告ができる	1			
		5	上司の指示により、必要に応じた修理および購入の依頼(起案書の作成)ができる	1			

単位業務 (大まかな区分)	作業名		作業内容（～して～ができる）	独力対応等級	現状レベル把握のための評価	第1回評価（　）	第2回評価（　）
防火・防災関連業務	日常防災業務	1	火元責任者業務(火災、防災設備、電気ガス器具管理)を理解し、行動できる	1			
		2	自衛消防隊任務(避難誘導班活動)を理解し、行動できる	1			
		3	担当フロア内の安全確保(落下物、避難障害物排除)が行える	1			
		4	夜勤任務担当の確認が的確に行える	1			
健康管理	緊急時の初期対応	1	緊急時基準に基づいた、意識レベルの確認(意識、反応の有無または程度の確認)ができる	1			
		2	緊急時基準に基づいた、誤飲時の対応ができる	1			
		3	緊急時基準に基づいた、転倒時の対応ができる	1			
		4	緊急時基準に基づいた、裂傷、火傷時の対応ができる	1			
		5	緊急時に冷静に速やかに、医療職員および部門長、ケアマネ、そして家族への連絡、報告ができる	1			
	夜勤時の緊急対応		夜勤時の緊急時は、冷静に速やかに、待機看護師、部門長と家族への連絡報告ができる	1			
生活援助	安全確保への援助	1	入所者のADLや行動障害等を把握し、安全な環境整備と基準に沿った支援ができる	1			
		2	転倒・転落予防を適切に実施できる	1			
		3	感染予防(手洗い、うがい、ガウンテクニックの実施、消毒等一般感染予防対策の実施)が適切に実施できる	1			
		4	基準に従って、不穏利用者の対応(危険防止)が行える	1			
		5	基準に従って、徘徊利用者の対応(安全確保)が行える	1			
	安楽への援助	1	安全・安楽に配慮した体位交換が行える	1			
		2	安全・安楽に配慮した体位の工夫ができる	1			
		3	医師の指示に基づき、必要に応じた罨法(クーリング、電気アンカ、電気毛布、冷温湿布)が実施できる	1			
		4	利用者個々の状況に応じた睡眠への配慮(不眠時の援助)ができる	1			
	外出、外泊の受付	1	介護基準に従って、利用者・家族からの外出・外泊希望の受付、届出書の受理ができる	1			
		2	届出書により外出・外泊が決定したら、看護師へ連絡をとり、必要な薬の種類と服用法を確認し、必要回数分を預かることができる	1			
		3	外出・外泊時の食事の変更を各担当者に連絡し、必要に応じて他部門への連絡ができる	1			
		4	家族に対し、最近の利用者の状態説明(身体面・精神面・介護上の留意点等)が適切に行える	1			
		5	衣類等必要な持ち物の準備、確認ができる	1			
	面会時の援助	1	持ち込み物品の確認と指導ができる	1			
		2	面会前後の状態観察と記録ができる	1			
	私物管理の援助		預かり物品の内容確認ができ、家族へ季節に合った衣類交換の指導ができる	1			
ショートステイ業務	利用開始時終了時の対応	1	居室の準備・終了時の片付けが速やかに行える	1			
		2	利用時のオリエンテーションが丁寧にわかりやすく行える	1			
		3	基準に従って、持ち物の確認(利用時・終了時)が間違いなく行える	1			
		4	利用前・後の全身の状態の観察ができ、異常・変化があれば関連部門への連絡・報告ができる	1			
		5	終了時の本人、家族への適切なアドバイスができ、理解を得られる	1			
	記録・報告	1	関係部門への的確な情報提供(利用前・利用中)が行える	1			
		2	基準に従って、正確な利用中の記録(排泄・入浴等)ができる	1			
		3	終了時家族等への利用期間中の情報提供が適切に行える	1			
健康管理	要観察者への対応(身体衰弱者等)	1	医師や看護師の指示に基づき、吸引・吸入の介助ができる	1			
		2	医療者の指示のもと、発熱者への対応(水枕、水分量の確認・補給)ができる	1			
		3	医療者の指示に基づき、褥瘡の基本的対応と予防に努めることができる	1			
		4	利用者個々の症状・状況に応じた、体温調整の対応(室温、寝具、衣類、遮光の調整)ができる	1			
1等級職員の等級判定（○の個数）……新人～3年前後の職員クラス				個数	0	0	0
1等級職員の○取得率				147	0%	0%	0%

■ V-3 職能要件書（訪問介護） 実例

職種	ヘルパー
専門部署	訪問介護

部署	
氏名	
現状把握時の等級	
仮格付け時の等級 （給与レベルにあった当初の等級）	
第1回評価時の等級	
第2回評価時の等級	

完全にできている	0	→半角数字の「0」を入力
まだ不十分	*	→半角の「*」（アスタリスク）を入力

「0」が90％以上あれば、この等級は完全クリアしている。

【入力手順】
1. 今年度の等級を左枠で確認し、該当等級までの項目を全てチェックしてください。
   （該当しない項目はその行を削除してください）
2. 「等級」は「独力対応等級」の欄に記載してあります。
3. 「0」または「*」を入力　（○×は入力が大変なため、この記号を使用します）
   ※次年度は「*」の付いている項目のみチェック。
   ただし、等級が上がる方は上の等級もチェックが必要です。

単位業務 （大まかな区分）	作業名		作業内容（～して～ができる）	独力対応等級	現状レベル把握のための評価	第1回評価（　）	第2回評価（　）
利用の受付	利用の受付	1	利用前訪問の調整(関係機関との連絡調整)が円滑に速やかにできる	2			
		2	オリエンテーション(ホームヘルプ事業)が適切に行える	2			
		3	利用者・家族との面接から、一般状態の観察と記録(身体・心理・社会的側面)ができる	2			
		4	利用するにあたって当面必要な、生活歴等の情報の聴取と正確な記録ができる	2			
		5	利用者・家族・関連部署との訪問スケジュールの調整(利用日・訪問時間)が円滑にできる	2			
		6	マニュアルに沿った個人ファイルの作成ができる	2			
		7	利用開始にあたり、関係機関への必要な情報を共有できる	2			
電話の受付	電話の応対	1	外部からの電話対応が、適切にこなせる	2			
訪問介護計画の策定・実施	訪問介護計画実施	1	ケアプランに沿った、個別援助計画を作成することができる	2			
		2	関連部署との連携により、適切な経過観察(モニタリング)ができる	2			
		3	関連部署との連携により、再評価のための必要な情報収集が行える	2			
		4	必要に応じたケアプラン変更の提案ができる	2			
食事介助	ゆとりある食事時間の確保	1	コミュニケーションをとり、利用者の希望を聞きながら、ゆっくりとした楽しい食事介助の時間を作ることができる	2			
掃除	できない部分の掃除	1	利用者のできる範囲を見極め、できないところを援助することができる	2			
	限られた時間内の掃除	1	限られた時間内で過不足なく掃除ができる	2			
	自発的な掃除	1	気づいたところは、利用者に確認のうえ、掃除することができる	2			
外出介助	視覚障害者の外出介助	1	視覚障害者の安全に配慮し、外出の付き添いができる	2			
調理	時間内の調理	1	限られた時間内に利用者の要望に応じた調理ができる	2			
	嗜好に合った調理	1	利用者の嗜好に合った調理ができる	2			
ケース検討	ケース検討の開催	1	利用者に関して、検討すべき課題があった場合は、担当ヘルパーで集まり、ケース検討を行うことができる	2			
終末期ケア	利用者の気持ちを尊重した介護	1	利用者の願いや思いを尊重し、気持ちを受容した介護を行うことができる	2			
訪問準備・退去時の対応	訪問終了時（退出時）の対応	1	利用者・家族に対して、次回訪問予定等の情報提供およびニーズの聴取ができる	2			
記録	訪問介護計画書の作成	1	訪問介護計画書を正確に記録することができる	2			
	変更があった場合の訪問介護計画書の修正	1	自分の担当利用者のサービス内容等に変更があった場合は、変更事項を訪問介護計画書に修正して、記録できる。	2			

単位業務 (大まかな区分)	作業名	作業内容（～して～ができる）		独力対応等級	現状レベル把握のための評価	第1回評価 ( )	第2回評価 ( )
訪問介護計画の策定・実施	訪問介護計画策定	1	事前訪問により、サービス開始時の基本事項の収集・調査(利用者・家族のニーズ等)が的確にできる	2			
		2	処遇における解決すべき問題の分析(ニーズアセスメント)ができ、必要な対応策を提案できる	2			
		3	より質の高い介護を提供できるよう、在宅における介護計画の立案と目標の設定ができる	2			
		4	必要な資料作成（ケース記録、カンファレンス資料）ができる	2			
		5	実施されたケアプランについて、再評価(目標到達度の考察)を行い、必要な訂正・変更が行える	5			
	利用者、家族への相談助言	1	利用者・家族からの相談から、問題を発見することができ、必要な助言ができる	2			
		2	利用者・家族の相談から、主訴の理解ができ、必要な助言ができる	2			
		3	利用者・家族の相談の内容から適切に問題分析ができる	2			
		4	利用者・家族からの相談を記録に残し、部署内に周知し、変更が生じた場合には上司及びケアマネへ適切な報告ができる	2			
ヘルパーの指導	新人ヘルパーへの指導	1	新人のヘルパーに対し、わからない業務については、わかりやすく説明し、指導ができる	2			
要望・苦情への対処	要望・苦情への対処	1	利用者の要望・苦情等に対して、全体の状況を把握して、ケアマネや家族と調整をとり、問題に対処できる	2			
	問題事項の経過観察	1	問題事項に対して、事後の経過を見守り、適切な対処ができていたか把握することができる	2			
	問題事項の評価	1	問題事項に対して、対処したことが適切であったか、評価することができる	2			
訪問介護計画書の評価	訪問介護計画書の評価	1	期間ごとにヘルプ内容について事業所内で評価を行い、今後のヘルプ内容を検討することができる	2			
緊急時特別訪問のヘルプ	緊急時特別訪問の依頼	1	緊急時特別訪問の依頼があった場合は、すぐに利用者のところに訪問し、適切な対処ができる	2			
提供票の管理	提供票の差込み	1	提供票の差込みをすることができる	2			
書類整備	書類の進行状況チェック	1	ケアプラン、訪問介護計画書の進行状況のチェックを行うことができる	2			
	書類の補充	1	活動記録簿などの書類の補充ができる	2			
2等級職員の等級判定（○の個数）……3年～5年前後の中堅クラス				個数	0	0	0
2等級職員の○取得率				42	0%	0%	0%

■ V-4 職能要件書（デイサービス） 実例

職種	介護職
専門部署	通所介護（デイサービス）

部署	
氏名	
現状把握時の等級	
仮格付け時の等級 （給与レベルにあった当初の等級）	
第1回評価時の等級	
第2回評価時の等級	

完全にできている	0	→半角数字の「0」を入力
まだ不十分	*	→半角の「*」(アスタリスク)を入力

「0」が90％以上あれば、この等級は完全クリアしている。

【入力手順】
1. 今年度の等級を左枠で確認し、該当等級までの項目を全てチェックしてください。
   （該当しない項目はその行を削除してください）
2. 「等級」は「独力対応等級」の欄に記載してあります。
3. 「0」または「*」を入力　（○×は入力が大変なため、この記号を使用します）
   ※次年度は「*」の付いている項目のみチェック。
   　ただし、等級が上がる方は上の等級もチェックが必要です。

単位業務 （大まかな区分）	作業名		作業内容（〜して〜ができる）	独力対応等級	現状レベル把握のための評価	第1回評価(　)	第2回評価(　)
サービスの質向上に関する業務	プロジェクト・委員会活動	1	自部門におけるサービスの質向上を目的としたプロジェクト・委員会活動等において、リーダーシップを発揮し、成果を上げることができる	5・6			
		2	施設・事業所レベルのサービスの質向上のため、他部門と共同のプロジェクトまたは委員会活動において、リーダーシップを発揮し、成果を上げることができる	5・6			
	マニュアル化	1	自身が中心となってチームを組み、技術・知識レベルの標準化や教育の資料として必要なマニュアルの作成および指導ができる	5・6			
		2	マニュアルの検証と修正、改善を行い、その時々に最善のものを用意できるようなチェックと推進ができる	5・6			
	数値分析	1	現状の部門の状況を数値で管理する仕組みや公式、ルールを創造し、いつも何らかの客観的なデータを構築し、部門経営に活かすことができる（例　ヒヤリハット件数、事故削減目標等）	5・6			
	苦情への対応	1	部下が担当する利用者・家族からの苦情で処理がうまく進まないケースは部下に代わって「傾聴」し、相手が納得いく形で円滑に処理し、信頼の再構築を図ることができる	5・6			
		2	苦情原因を分析し、業務手順・マニュアル・対応のどこに問題があったかを明確にし、職員への教育に活かすことができる	5・6			
	業務の改善効率化	1	現状の業務の流れ、コミュニケーションの仕組み、問題発見から対応策実施までの流れについて検討し、関連する管理職へ動機付けしたうえで、改善することができる	5・6			
		2	プロジェクトチームを立上げ、自らが責任者となり、必要な業務改善活動の推進ができる	5・6			
	業務ルール等の運用	1	施設・事業所内で決定したルール（作業・業務手順や会議でのルール）の遵守状況を把握できる	5・6			
		2	ルールを遵守していない部下に対して適切な指導ができる（注意、顛末書、始末書等の指導）	5・6			
	利用者満足の向上	1	利用者の満足度について把握し、要望や問題点について、具体的な提案・対応ができる	5・6			
		2	より高い技術をもって説明と同意の実施がなされるよう指導教育ができる	5・6			
		3	利用者サイドに立った、より洗練され安心感のある接遇が行われるように、接遇技術向上のための企画および指導ができる	5・6			
リスク管理	災害時対策	1	非常時に患者・利用者の救護区分に合わせた避難誘導の指示、非常時持ち出し品の明示のための準備ができる	5・6			
		2	常に利用者数・職員数を把握し、非常事態における速やかな対応のための準備ができる	5・6			
	事故・院内感染対策	1	ヒヤリハット、事故と介護事故のために安全対策を立て、指導ができる	5・6			
		2	事故・介護事故が発生した場合、的確かつ迅速に対応するとともに、緊急対応について指導ができる	5・6			

単位業務 （大まかな区分）	作業名		作業内容（～して～ができる）	独力対応等級	現状レベル把握のための評価	第1回評価 (　　)	第2回評価 (　　)
リスク管理	事故・院内感染対策	3	院内感染対策を熟知し、利用者及び職員に対し周知徹底ができる	5・6			
法人運営	最新福祉行政及び地域動向の把握	1	最新の福祉行政及び地域の動向について把握ができる	5・6			
	中長期事業計画の重点施策・課題提言	1	中長期事業計画の重点施策と課題について提言ができる	5・6			
	事業計画のモニタリング	1	各部門の事業計画は、モニタリングができるよう具体的な表現で目標設定と具体策を記述することができる	5・6			
		2	自部門が他の施設と比較して「差別化された強さや優位性」を具体的に目標設定することができる（例　経営資源を生かした独自性のあるレク等）	5・6			
		3	事業計画の進捗状況の報告や、数値分析等のモニタリングを四半期に1回は行い、問題点解決の具体策を報告し、また実行することができる	5・6			
	翌年度事業計画の提言	1	中長期事業計画に基づき、翌年度の事業計画について提言ができる	5・6			
組織トラブルの指導	理事または施設長の補佐としての機能	1	理事または施設長の指示や所長会議で決定したことを自部門に伝えるとき、自分の言葉で明確に伝えることができる（例「施設長が言ったから、皆やろうよ」ではなく、自分が必要性を感じているから実行する主旨で）	5・6			
5・6等級職員の等級判定（○の個数）……係長・課長クラス				個数	0	0	0
5・6等級職員の○取得率				26	0%	0%	0%

■ V-5　職種別職能評価シート作成のポイントと某病院・施設のドキュメント

1　《職種別職能評価》導入による、こんな成果が確認できます。

1)	技術評価、能力評価ができ、各職員の個人能力向上の目安ができる。
2)	中途採用で給与決定時の、等級決定、既存職員の誰と比較が妥当かが明らかになる。
3)	人事考課では判断しにくい、貢献度の低い職員の賞与や給与削減の具体的根拠となり、人件費低減の基礎材料となる。削減効果は1～5％程度。

2　職種別の職務基準（等級別職能評価シート）を作成し、職員教育と評価に反映させることがポイントです。

1)	各職種別に、経験年数、役職で求められる職務能力と職務基準を具体化する。
2)	「自分が今、どのレベルで、これからどんな技術を上げるべきか」がわかれば、やりがいも生まれる。
3)	入職したばかりの職員も、何を頑張ればよいかが一目瞭然になれば、教育も進めやすい。
4)	昇格・昇進の適用要件を整理することで、「なぜ昇進昇格したのか」「なぜ昇進昇格できないのか」「なぜ降格したのか」がわかる。
5)	中途採用をした職員の等級や給与を決めるときの基準になる。

3 某病院・施設の【職能評価シートの導入から成果までのドキュメント】

期間	実施内容	職員の反応と成果
1か月目	コンサルタントによる職能要件書作成のための勉強会を管理職へ実施【目的と意義、部署別事例】	看護、介護、ケアマネ他の実例をスクリーンで見せ、説明したところ、その必要性は理解できたようだ。
1～2か月目	コンサルタントが保有している実例を各部署の責任者に渡し、自部門に該当する項目と該当しない項目を色分けしておくよう、課題を出した。	この段階では責任者クラスはやや負担だったが、職員の評価やレベル、能力の棚卸になると総じて協力的にしてもらった。
2～4か月目	6部署別に個別ヒアリングの実施（コンサルタント）・・・課題でマーキングをつけた項目を見てもらいながら、その場でスクリーンに映し、コンサルタントがPCに修正入力していった。サンプルにある該当等級の説明もしつつ、おおよその必要能力を作成した。	各部署1回の面談でほぼおおよその職能要件所を仕上げたので、負担がほとんどなかった。サンプルが現実とほぼ同じだったからである。
4か月目	6部署別の仮格付け個別ヒアリングの実施。現在の職員のレベルを、あらかじめ作成していた「職能資格基準表」から、仮格付けした・・・コンサルタントと打ち合わせしながら。	年齢や経験、実績そして管理者の感情によって大きく異なったが、仮格付けした結果、それを等級一覧表に整理すると、「何となく思っていたが、現実に並べてみると、リーダークラスの技能者が少ない」等と感想が述べられた。
5か月目	6部署別の仮格付けが本当に正しいのか、作成された「等級別職能要件書」から、コンサルタントが「職能等級判定シート」を作成し、再度採点させて、提出してもらう。	
5～6か月目	提出された「職能等級判定シート」の採点結果をコンサルタントが数値化し、再整理したうえで、再度、6部署別の個別ヒアリングを実施した。	仮格付けと現実の評価点が異なることで、意外な結果だったと感想をいう管理者がいたり、最初の仮格付けどおりの結果になった部署もあった。過去に一般的な考課の経験があったが、ここで、初めて現実の能力評価をしたことになった。
6か月目	コンサルタントから管理者に対して、等級判定結果後の等級説明のための「評価面談の仕方」勉強会の実施	ある意味、管理者が各職員へ現状のレベルを通知し、どういう能力を今後伸ばしていくかを明確に明示させる面談をするので、皆真剣に講義に聞き入っていた。
7か月目以降		それ以降、毎年の春の昇給時期には、「職能等級判定シート」による査定を行い、その結果を個人面談に活かしている。

■ V-6　介護職　等級別職能要件書一覧作成シート

※職能要件書とは、「技能差」「知識差」「経験差」や器用さ、意識レベルで差がつく項目が、等級によってどう異なるかを詳細に明示したものである。
※等級別の技能差、知識差の内容を見れば、自ずと等級が判別できる具体的な能力を書く。実際に評価する際のポイントを詳細に箇条書きにする。
※作業・活動とは、「実際に行っている業務の区分」、「入浴介護」「食事介助」「トランスファー」等の介護作業ごとや、「カイゼン活動」「ケアプラン」等の管理作業は一つずつ記述。
※実務作業名とは、「技能差」「知識差」「経験差」が出る実務箇所。例えば「入浴介助」でも差が出る実務作業を書く。「作業・活動名」ごとの複数の「実務作業」が存在する。

	作業・活動名（業務区分け）		実務作業名（具体的な実務内容で。〜できると表記できる技能面）
1	食事介助	1	摂取の介助と摂取状況の観察・見守り（摂取量、時間、嗜好・刻みの程度等）
2	入浴介助	1	予測される入浴時の危険防止
3	排泄介助	1	留置カテーテル挿入者への対応
4	個別排泄介助	1	排泄ケア計画の作成・変更（目標の設定、オムツ等の選定等）
5	移動介助	1	状況に応じた機器活用（車椅子、ストレッチャー、歩行器等）
6	リハビリの援助	1	専門職の指示での動作訓練
7	保清の援助	1	理美容援助
8	与薬	1	与薬各種（内服、点眼点鼻、湿布等）
9	レク実施	1	レクプログラムの作成と実施
10	リラクゼーションの実施	1	リフレッシュの演出
11	利用者の数値の確認および測定の介助	1	介護基準に沿った各種測定（体温脈拍、呼吸等）
12	感染予防対策	1	排泄、出血、嘔吐時の基本的な対応
13	環境整備（居室、リネン、洗濯等）	1	採光、室温、湿度、騒音、換気と工夫
14	備品・消耗品管理	1	在庫管理と不足物品の発注管理
15	機器点検・メンテナンス	1	不具合機器の管理と対策
16	緊急時対応（誤飲、裂傷火傷、転倒他）	1	初期対応と事後対策
17	防火防災関連業務	1	火元責任者業務
18	広報	1	PRツール作成とパブリシティ
19	安楽の援助	1	不穏・徘徊利用者対応
20	施設内行事	1	施設内行事の企画立案と実施
21	地域交流行事	1	交流行事の企画と実施
22	ケアプラン策定	1	ケアプランの実施とモニタリング
23	ケースカンファレンスの実施	1	関係者への連絡調整
24	利用者、家族への相談助言	1	主訴の理解と助言
25	ターミナルケアの援助	1	家族への説明と精神的ケア
26	行事・クラブ活動等の企画	1	年間計画と予算管理
27	研究発表	1	施設内発表
28	ボランティア募集と管理	1	各ボランティアの日時内容のコーディネート
29	勤務の調整および服務規則に関する指導	1	勤務実績分析と問題行為者への指導
30	業務の割り当て	1	各勤務帯の勤務調整
31	実習生受け入れと教育	1	受入時の指導と計画立案
32	プロジェクトの推進と運営	1	各種委員会参加とテーマアップ
33	マニュアル化・業務手順書づくり	1	必要マニュアル整備と立案と作業
34	数値分析	1	データ集計と分析後の立案
35	クレーム処理	1	苦情処理と再発防止
36	業務の改善効率化	1	改善の具体的実施と管理
37	業務ルール、内務規程の運用	1	ルール順守とルール開発と管理
38	人事評価・目標管理	1	目標管理指導と人事評価面談実施
39	信賞必罰の管理と運営	1	信賞必罰の提起と決定
40	教育研修企画立案	1	層別年間OJT、Off-JT計画立案と進捗管理
41	最新の医療・福祉行政・動向把握	1	提案提起に活かす情報収集
42	中長期事業計画の重点施策・課題提言	1	課題提案

※等級別の記述は、各実務作業内容に沿って、「どこまで具体的にできる」かがわかり、知識や技能があっても、やるべき立場なのにやらない場合は、できないとみなす。
※等級によって、やる必要がない場合は記述しない。
※実例にあるような作業内容の表現でなく、実際に評価する際に必要な「技能差」「知識差」「経験差」を具体的に表記する。(実例ではまだまだ具体性が不足している箇所があるから)
※上位等級者は、現場の実務作業ができるのは当たり前で、それ以上に管理や教育、仕掛け、問題解決等のよりレベルの高い表現にする。

1等級(経験3年以内の初級者でもできなければならないこと)	2等級(経験4〜7年未満の中堅職員ならできなければならないこと)	3等級(経験7年以上の実務のベテランならできなければならないこと)	4等級(主任係長クラスならこんな実務をしてほしいということ)	5等級(係長・課長ならこんな管理や教育、仕組みづくりをしてほしいということ)

V-6 介護職 等級別職能要件書一覧作成シート

My Way of Consulting ⑤

Column　必罰（けじめ）が必要な問題行為を具体的に明らかにする

　事業所の規模が大きくなればなるほど、そこには様々な人材が集まってくる。模範的な職員もいれば、その対極にあるような職員もいる。

　組織の活性化にとって「信賞必罰」は重要な要素といえる。信賞必罰が曖昧な組織では、問題のある職員は罰則を受けないのをいいことに傍若無人な振る舞いを続け、やる気のある職員のモチベーションは下がっていく。その結果、優秀な職員が辞めていくというのは、よく聞く話だ。

　問題を起こした職員に対しては、「始末書」や「減給措置」、「解雇」などの具体的なけじめをつけなければならないが、どういう場合に必罰（けじめ）が必要になるか、その具体例を示す。以下のように詳細規程（例）にするのである。

1. 業務中、利用者及び職員又はサービスの利用者に対して、副業行為であるネットワークビジネスや通信販売の強要と誤解される行為をした場合
2. 業務中、利用者・その家族及び職員に宗教等の普及と誤解される執拗な案内をし、本人に迷惑をかけたと判断された場合
3. 物品・機材が職員の不注意により損壊・紛失した場合
4. 業務に関係ない電話でイチイチ業務に支障を来たす外電（私的理由等）が改善されない場合
5. 業務中（休憩時間以外）に喫煙者が喫煙場所に移動して喫煙する時、業務に支障を来たすほど何回もあった場合、また喫煙時間が長く、幾度か注意されても、改善されない場合
6. 無断遅刻、無断欠勤により業務へ支障を来たすと判断された場合
7. 同じ人の同じような原因・ケースでの不注意によるミス、トラブルが連続して発生した場合
8. 事業所への報告がないまま利用者・家族からの金品・供用を勝手に受け隠匿した場合
9. 飲酒運転による免停、取り消し等の処分があった場合（その運転免許が業務上、必要かどうかを問わず、その状況により懲戒解雇もありうる）
10. 度重なる交通違反により2か月免停以上の罰則で車両運転ができず、業務上他人に迷惑をかける場合
11. 事業所内・訪問先で理由の如何に関係なく暴力、又は暴力と誤解される行為、言葉の暴力を使用したり、又はそれに相当する行為（虐待）をしたと判断された場合
12. セクハラ・パワハラ及びそれと誤解される行為をした場合
13. 重要な報告を遅延したり、虚偽報告したり又は報告がなく、問題になったと判断された場合
14. 業務中の自己の不注意による人身、物損交通事故を起こした場合
15. 当事者が注意していても、法人の車両を損傷し、その報告義務を怠った場合
16. 刑事事件につながる法律違反を個人で犯した場合（警察による処理を必要とした場合）
17. 正当な理由で始末書を要求したにもかかわらず提出しない場合
18. 故意に利用者のカルテからの情報持ち出しをした場合
19. 業務上知りえた利用者情報及び事業所内の機密情報に関して「守秘義務」を果たさなかった場合
20. 幾度となく注意をしたにもかかわらず、携帯電話でのマナー違反がなくならない場合
21. 法人内で男女間のトラブルや風紀の乱れと判断される行為があり、組織管理上、支障を来たすと判断された場合
22. 学歴詐称、経歴詐称、資格詐称が発覚した場合
23. 職務上の地位を利用して、私利を図った場合又はそのように誤解される言動があった場合
24. 業務中に飲酒をした場合
25. 職員の不注意によるリハビリ中の転倒等で、利用者が骨折等で手術が必要になった場合
26. 職員の不注意によるデータ資料類の紛失で情報漏えいの可能性がある場合
27. 他人を教唆して、違法行為をさせた場合
28. 資格者として、法令にある違反行為をした場合
29. その他、管理者の進言により賞罰委員会が罰則対象と判断した場合

などである。

Category VI

役職別
職務権限表作成
コンサルティングの進め方

1 役職別職務権限表が求められる背景

介護事業所内に必要な様々な規則類のなかで、「職務権限の内容や進め方」は、その事業所の組織や風土、成り立ちによって全く異なり、作成方法にも「これが正しい」というものはない。

> ①職員や施設数が増えてくると、どんな小さなことでも理事長・施設長にすべて判断を委ねている組織では、円滑に運営しにくくなる。
> ②中堅幹部を育成するなら、業務を任せることが必要だが、暴走されては困る。ここの微妙なバランスが難しい。
> ③「**職務権限**」や「**必要な稟議規則**」「**業務分担**」を文書でわかりやすく作成することは、人材育成の第一歩である。
> ④職務権限一覧は、「業務を独り占めにすることを防止」し、「任せっぱなしを未然に防ぐ」ツールとして、職員・管理者が一緒に検討しながら作成することで、日常のマネジメントに即活かせる仕組みである。

2 「職務権限」作業のための事前準備

まず、現状の職務権限の実状を把握するために、必要シートを説明し、配布する。そして実際の検討会前の準備を行う。

(1) 検討に入る前に、**Ⅵ-1　職務権限調査シート（事前課題）**を説明して配布する

(2) 「職務権限調査シート」は、わかる範囲でかまわない旨を伝える。また、「決まっていない権限」「曖昧な権限」の内容の場合、担当者欄には記入しないでよい

(3) 実例を見せながら説明すると、管理者も理解しやすい

(4) 「職務権限調査シート」の書き方

> ①各カテゴリーに沿って、具体的な日常業務を入れる。
> ・「**マネジメント・労務管理**」では、出退勤や、有給申請と許可、提出書類関係の提出先や管理先、教育全般に関する責任者や、起案・決裁等を書き出す。
> ・「**サービス品質・新開発**」では、介護業務全般について、サービス品質（クレーム含む）に関する取り組みの責任者や新サービス・新レクを導入する際の起

> 案と決裁、広報関係のチェック等、品質やサービスに関する事項を書き出す。
> - **「利用者管理」**では、日常の健康管理・受診管理・家族への連絡調整や預り金管理等、利用者の管理全般についての起案や決裁等を書き出す。
> - **「事故対応」**では、利用者の事故・トラブル・ミス、またはヒヤリハット管理、及び職員のトラブルから交通事故等まで書き出す。
> - **「対外交渉」**では、仕入購買先業者との交渉、提携医院との交渉、その他外部機関との交渉等を書き出す。
> - **「決裁」**では、金銭支払いに関する自己権限の決裁幅や起案等を書き出す。
> ②宿題では、わかっている範囲の「起案者」「稟議者」「チェック者」「指示者」等のマークを入れておく。

(5)「職務権限調査シート」の回収

> ①説明会後、2週間以内が妥当

(6) 検討会前の資料づくり

> ①宿題で整理された部門ごとの職務権限内容で、「職務権限一覧表」の検討会用たたき台を作成する。
> ②作成はデータ（Excel または word）で作成し、検討会中に修正・入力がしやすい状態にする。
> ③各自が書いた職務権限で、同じような内容なのに表現が異なることがあるので、それは1つに集約しておく。

3 検討会での作成

　事前準備で用意された資料とデータを参加者と一緒に見ながら、下記の要領で検討会を進めていく。

(1) 1部門1～2時間の検討会を実施する（小規模部門の場合は、複数部門を施設長等と一緒に作成し、時間短縮を図る）

(2) 事前のデータで整理された「職務権限調査シート」をプロジェクターに投影し、内容を一つ一つ確認しながら、修正・入力していく

（3）役職名の下の権限記入欄では、単に上記マークを入れるだけでなく、後からわかるように、入力しておく

（4）各種権限等のの意味

> ①★：決裁（最終承認）…最終決定権者であり、この人の最終許可がなければできない。
> ②●：稟議チェック…稟議作成でなく、最終決裁前の途中稟議書に承認印を押す人。
> ③■：部内での承認（稟議過程）…最終決裁でなく、その部内で承認できる部門の責任者。
> ④◇：報告・根回し…最終決定権者ではなく、もっと下部の部門責任者クラスで決裁してもよいが、事前に報告や根回しをしたほうがスムーズにいく相手。
> ⑤※：立案・提起…その案件を立案、提起するクラス。管理職だけでなく、一般職員の場合もある。
> ⑥◎：指示命令…その案件や業務に対して、「実施」や「立案」の指示を出す人。
> ⑦△：専任業務…その案件や業務について、誰かに依存することなく、A to Z まで一任される人。

（5）協議しながら入力する際、特定管理者にすべての権限や提案権が集中している場合は、職務権限の委譲と人材育成の観点から、コンサルタントから下記の点を指導しながら進める

> ①内容の違いや決裁権の違いで、担当決裁者や権限者、報告者を変える。
> ②中堅管理者クラスにもある程度、事後承認の権限を持たせる（ただし、必ず報告義務を持たせるようにする）。
> ③「立案」「提起」を、下級管理者や一般職員にもどんどん担当させる。

事例として **VI-2 経営管理者 職務権限・業務分掌**、VI-3 【特養】部門 **職務権限・業務分掌**を掲載している。これを参考に、その施設で管理しやすいような表現、またはコンサルタントが指導しやすいフォームに工夫して進める。

■ VI-1　職務権限調査シート（事前課題）

事前課題（　　　　　　　　　　　　　）

- ★　決裁（最終承認）
- ●　稟議チェック
- ■　部内での承認（稟議過程）
- ◇　報告・根回し
- ※　立案・提起
- ◎　指示命令
- △　専任業務
- ▼　実務
- ☆　アドバイス

※役割が曖昧な業務責任から作成する（全部を網羅しようとしない）

	No.	管理・作業項目	施設長	部長(マネージャー)	主任	看護師	栄養士	介護士
マネジメント・労務管理	1							
	2							
	3							
	4							
	5							
	6							
	7							
	8							
	9							
	10							
サービス品質と新開発	1							
	2							
	3							
	4							
	5							
	6							
	7							
利用者管理	1							
	2							
	3							
	4							
	5							
	6							
	7							
事故対応	1							
	2							
	3							
	4							
	5							
対外交渉	1							
	2							
	3							
	4							
	5							
	6							
	7							
決裁	1							
	2							
	3							
	4							
	5							

■ VI-2　経営管理者　職務権限・業務分掌

- ★　決裁（最終承認）
- ●　稟議チェック
- ■　部内での承認（稟議過程）
- ◇　報告・根回し
- ※　立案・提起
- ◎　指示命令
- △　専任業務

③●稟議チェック（部内承認後）

	No.	管理・作業項目	施設長（在宅部長）	事務長	部長	その他	検討決定機関
内部人事	1	各部の主任以上の昇格・降格	④★決裁	③●稟議チェック（部内承認後）	②■部内での承認	①※各所属長が立案	経営戦略会議
	2	各部の主任以上の異動・配置転換	④★決裁	③●稟議チェック（部内承認後）	②■部内での承認	①※各所属長が立案	経営戦略会議
	3	課長以上の異動、配転	③決裁	④決裁後、手続き	①※立案		経営戦略会議
	4	職員採用の募集の決定	③決裁	④決裁後、募集手続き	②■部内での承認	①※各所属長が立案	
	5	職員採用の募集要項の決定【処遇等】	①◎指示命令	施設長からの指示で実行			
	6	各部の主任以上の退職相談後の処置	③★退職意思者との面談で最終決定	④最終決定後、退職処理	②施設長へ相談（不可抗力以外保留）	①※各所属長は一次預かり	
	7	賃金の決定【昇給、減給、見直し等】	①△施設長専任業務				
	8	罰則に関する処分	④★決裁	③◇過去の事例と照合して施設長へ報告	②■部内での承認（処分案を事務長へ報告）	①※各所属長が立案（始末書要求）	経営戦略会議
	9	人事評価と賃金決定	④★課長と経営管理者の人事評価 ①△賃金決定は専任業務	③事務部内の人事職能評価	②課長と主任の人事職能評価	①主任以下の人事職能評価	
	10	賞与決定	①△専任業務				
	11						
	12						
契約・諸規則関係	1	就業規則・規則の改訂	①△専任業務				
	2	外部研修（出張）の許可	④★決裁	③●稟議チェック（部内承認後）	②■部内での承認	①※立案	
	3	外部研修の指示	①★決裁		②決裁後、対象者選抜	③◎該当者へ指示	
	4	各部での方針計画の変更追加、役割の変更、会議ミーティング設置、サービス等の仕組みの変更	③◇報告		②■部内の決裁承認	①※立案	
法人の方針・計画	1	部門方針と行動計画の作成と承認	④★決裁		②■部内での承認	①※立案	
	2	部門方針と行動計画の中間チェック	④★決裁		②■部内での承認	①※立案	
	3	年度事業計画書の作成と承認	③★決裁	②●事業計画チェック（部内承認後）	①※立案		報告承認は理事会
	4						
資金・投資関係	1	融資・返済に関する決裁	③★決裁	②■部内での承認		①※経理が立案	
	2	10万円以上の契約・購入の決裁	④★決裁	③●稟議チェック	②■部内での承認 ①※施設管理部長からの立案	①※立案・提起	
	3	10万円以内の契約・購入の決裁	④◇報告	③★決裁	②■部内での承認 ①※立案	①※立案・提起	
対外的な交渉	1	業者変更や契約見直し	③★決裁	②●稟議チェック	①※立案		
	2	外部機関との提携やプロジェクト	③★決裁	④決裁後、契約の管理	②■部内での承認	①※立案・提起	
	3	内部からの紛争・係争処理	②★決裁	①※立案			
	4	外部からの訴訟等処理	③★決裁	②対処方針の立案	①※立案(事実確認)		

■ VI-3 【特養】部門　職務権限・業務分掌

◎ 指示命令　　　　　　◇ 報告・根回し
△ 専任業務　　　　　　※ 立案・提起
■ 部内での承認（稟議過程）

※役割が曖昧な業務責任から作成する（全部を網羅しようとしない）

区分	No.	管理・作業項目	サポーター看護職員	介護主任	介護係長	相談員	看護主任	ケアマネ	ショート課長	特養課長	部長
マネジメント・労務管理	1	利用者の面会、外出、外泊等に関すること				◎指示命令			■部内での承認	■部内での承認	
	2	職員の勤務に関すること			◎指示命令				■部内での承認	■部内での承認	
	3	介護業務に関すること	INサポーター◎指示命令	■部内での承認							
	4	短期入所生活介護計画書に関すること	全職員で計画書作成						◎指示命令		
	5	入所者の通院、送迎に関すること			◎指示命令					■部内での承認	
	6	短期入所生活介護の送迎、通院に関すること		◎指示命令					■部内での承認	■部内での承認	
	7	利用者の苑外行事に関すること			◎指示命令				■部内での承認	■部内での承認	
	8	利用者の苑内行事に関すること		◎指示命令					■部内での承認	■部内での承認	
	9	嘱託医との連絡調整に関すること					◎指示命令			■部内での承認	
	10	介護職員への医療的対応の指導					◎指示命令		■部内での承認	■部内での承認	
	11	利用者の服薬管理に関すること					◎指示命令		■部内での承認	■部内での承認	
	12	利用者の医療・疾病予防に関すること					◎指示命令			■部内での承認	
	13	他部署との連携調整に関すること									◎指示命令
	14	自主的に書かれてないヒヤリハットを出すように職員に指示する		◎指示命令			◎指示命令				
	15	各委員会での決定事項の実施	各委員長※指示命令							■部内での承認	
	16	ショートの食事伝票の変更（栄養課へ）				◎指示命令			■部内での承認		
	17	入所の食事伝票の変更（栄養課へ）				◎指示命令				■部内での承認	
	18	食事の不具合時の報告（栄養課へ）	食事委員						■部内での承認	■部内での承認	
	19	家族会に関すること				◎指示命令				■部内での承認	
	20	苦情処理に関すること				◎指示命令					◇報告
	21	短期入所生活介護に関する調整		◎指示命令					■部内での承認		
	22	行事・事業活動担当者振り分け		◎指示命令					■部内での承認		
	23	後継者育成							△専任業務	△専任業務	
サービス品質と新開発	1	新人職員育成に関すること	各プリセプター		◎指示命令						
	2	業務改善に関すること	○○サポーター◎指示指令	■部内での承認							
	3	研修人選			◎指示命令				■部内での承認	■部内での承認	
	4	接遇マナー									◎指示命令
	5	勉強会・研修報告書に関すること							◎指示命令	◎指示命令	
	6	家族へのメールに関すること			◎指示命令					◎指示命令	
	7	年度事業計画・実績に関すること							△専任業務	△専任業務	◎指示命令
利用者管理	1	入所者の居室管理及び衣類	担当△専任業務		◎指示命令					◎指示命令	
	2	健康診断の家族への説明					※立案・提起			◎指示命令	
	3	居室の変更に関すること	ショート○○・□□◎指示命令		入所◎指示命令						
	4	家族へのお便りに関すること		◎指示命令							
事故対応	1	事故報告書の提出に関すること			◎指示命令					◎指示命令	
	2	小委員会の開催		◎指示命令							
	3	保険者への報告							◎指示命令	◎指示命令	

My Way of Consulting ⑥

Column　管理職のリーダーシップ教育のツボ

　介護の現場では、管理者としてのリーダーシップが期待されるが、そのリーダーシップを発揮できない管理者が増えているようだ。なぜ、そういう管理者が多くなってしまったのか。

　筆者の感想だが、職場内での摩擦や軋轢をおそれ、つい、いい顔をしてしまうことに原因があるのではないだろうか。ベテラン管理者や一線を退いた諸先輩からは、「最近は厳しく指導する鬼軍曹がいなくなった」という話をよく聞く。なにも「リーダーシップ＝鬼軍曹」と短絡的に定義づけるつもりはないが、管理者としての役割を曖昧にして「マネジメントから逃げて現場に没頭する」タイプの管理者の存在も関係しているのかもしれない。

　では、そのような管理者にどういうリーダーシップ教育をすればよいのか。

　管理者のなかには部下に指導や注意をすることが苦手な人も多いはずだ。部下が萎縮したり、部下から文句をいわれるのが嫌で、そのために管理者としての役割を曖昧にしたたまま逃げていないだろうか。

　そこで、性格に関係なく、リーダーシップを発揮できるポイントを整理してみよう。

○リーダーシップの本質は「決まったことを決まったように実行させること」
　　信頼される組織、強い組織は、この「決まったことを決まったように実行させる」ことに秀でている。これは、上司のリーダーシップによって部下が決定事項を遵守するのではなく、そのような行動を浸透・定着させるための仕組みづくりや組織風土による"影のリーダーシップ"の成果だといえよう。

○リーダーシップとは「上司が答えを言うのではなく、部下に考えさせて部下に行動させること」
　　これは「コーチング」の原則でもある。リーダーシップというと「俺について来い」のような親分子分関係を想像しがちだが、現代のように「現場で自ら考えて即断」しなくてはならない自立性が求められる環境では、一人のリーダーだけで組織を動かすことはできない。したがって、常に部下に考えさせ、部下から意見が出てくるように仕向けることも、重要なリーダーシップの要素である。

○管理者は「他人が嫌がることや汚れ仕事を率先垂範して部下に示すこと」
　　クレームやトラブルへの対応が好きな人はいないが、利用者・利用者家族のなかからモンスター的なクレームがあれば、管理者は職員任せにせず、率先して対処することが求められる。
　　また、気難しいドクターや医療専門家への対応、部門間の根回しなど、一般職員ではなかなか難しいことを率先して行えば、職員からの信頼感が高まっていくはずだ。

Category VII

業務手順書作成
コンサルティングの進め方

1 業務手順書作成が求められる背景

　介護品質の向上や第三者評価、情報公開など、「作業別業務手順書」を作成し、それに沿った業務を行う必要性がますます高まってきている。

> ①介護事業所にとって介護品質の向上は経営戦略の基本となるものだ。そのなかで、管理体制を整備するのに必要なのが、マニュアル類や規則類である。
> ②誰が行っても同じような介護品質を実現するには、**個人の経験や勘による介護技術や段取りではなく、ルールに沿った手順**が求められる。
> ③**手順書形式で、1つ1つが簡潔に表現されているため、介護施設の管理職や職員も取り組みやすい。**
> ④第三者評価としての評価が高い。
> ⑤第三者評価や介護サービス情報の公表が定着化しつつあるが、第三者評価の重要なポイントは、記録が残っていることである。ISOや第三者評価を受けなくても、この記録を残せるシステムの構築によって施設活動が透明化し、安心と信頼が得られる。
> ⑥ミニマムスタンダード（最低基準）としての位置づけにより、そのうえで個々の利用者にあった希望サービス提供（最低基準＋希望サービス）により、ローコストな小集団活動が可能となる。
> ⑦インシデント（ヒヤリハット等）別の基本行動や作業手順を整理し、事故や事件の防止、軽減化に役立つ。

2 手順書作成業務の範囲

　手順書作成の範囲は、各事業所の状況や求める品質範囲によって異なるが、下記の概念を参考に、業務範囲を決める。

> ①施設のすべての業務について作成する必要があるとは限らないが、新人でもベテランでも、このレベルは必ず実施してほしい業務を、「施設の教科書」と位置づけ作成する施設が多い。
> ②**手順書の区分としては、介護職・看護職・リハビリ職・給食・通所などの職種別**による業務手順書の作成や、**作業別による区分、例えば「食事介護手順」として業務手順書**を作成するなど、業務作業にあった方法で作成することが望ましい。
> ③また、今、重要視しなければならない業務、例えば、「リスクマネジメント

に関する業務」「ご利用者満足に関する業務」等について作成する施設もあるので、施設内に「業務手順改善委員会」等を設置し、文書化が必要な業務の検討が必要である。
④ただし、時間と労力がかかるので、第三者の意見を取り入れるほうがスムーズに進むといえる。(標準的な作成期間としては6か月程度)

3 必要な業務手順書の選択と区分け

業務手順書に必要な内容については、以下のような職務調査を行ったあとで選択と区分けが行われる。実例をもとにおおよその書き方をイメージしていただきたい。

①各部門の管理者への説明会を行い、「毎日(デイリー)業務」「毎週(ウイークリー)業務」「毎月(マンスリー)業務」「毎年、スポット業務」を**VII-1 介護職職務調査シート**に書き出すよう指示する。(宿題方式)
②そのなかで、介護技術や手順、段取りが個人の経験によって異なる業務や、各自がバラバラにやっていて統一基準ができていない業務を選択する。
③選択された業務が「業務手順書」として作成される。(これが各部門によって異なる)
④大分類としては、食事介助・排泄介助・トランスファー介助・入浴介助等々、業務ごとに分類する。
⑤中分類としては、排泄介助の業務を、声かけ・着脱・移乗・着脱等々、工程別に分類する。
⑥小分類としては、排泄介助の着脱時には、皮膚の状態観察をする等々の細かな指示・注意点を決める。

4 業務手順書の書き方の説明

業務手順書は実際に活用することを前提に、実例にあるような工夫があるほうが現場での活用が進む。

①業務ごとにフローチャート式を取り入れた手順書で、事例の**VII-2 食事介助手順(通所サービス)**、**VII-3 ケアプラン作成手順(居宅介護支援事業)**、**VII-4 送迎実施手順(通所サービス)**、**VII-5 ターミナルケア手順**のように
・「工程」

- 「担当者」
- 「詳細な手順」
- 「必要な参照文書、記録等」の、4つの構成で作成することである。

②このフォームと事例を見せて、これに沿って選択された業務手順書の内容を書くように各現場の管理者へ指示する。（勉強会等により合同で行う）

③文書だけで手順書を作成しているケースがよく見受けられるが、この場合、作成者以外には理解しにくく、他の職員に使用されないケースが多いことも伝える。

④新人でも理解できるようにするためには、フローチャートを取り入れることと、写真等の画像を入れるとさらに効果がアップすることも伝える。

⑤事例を見せてwordで作成されたフォームに記載するよう指示する。

⑥上記の「工程」「担当者」「詳細な手順」「必要な参照文書、記録等」以外に必要事項がある場合、事例のように「特記事項」に必要分を書いてもかまわないと指示する。

5 コンサルティングの進め方

　このコンサルティングの基本は、参加者に「見やすい手順書」「段取りの漏れない手順書」のための質問を行い、参加者が答え、それを入力・追加することである。

①業務手順書の書き方や内容で、「これが正しい」という絶対基準はないので、クライアントが作成してきた手順書をベースに添削修正を行う。

②作成は、wordかExcelで作成してもらい、それを1つずつプロジェクターに映しながら、文言の修正や内容の調整が必要かどうかを確認する。

③現場を知らないコンサルタントでも、下記のことを確認するだけで、業務手順書コンサルティングを進めることができる。

- 中分類の各工程を聞く際に、「直接、次のステップでかまいませんか。後々のことを考えて、ここで、何か実施しておくべきことはありませんか？」等の再考のヒントを与える。
- 手順書の書き方で、だらだらと冗漫な文書の場合は、箇条書きに言い換え、それを自らその場で入力する。
- 備考欄の「参照文書」や「記録等」では、「他に見るべきことはないか」「それもわからない人には、最低限何を見るべきか」を再考させ、追加修正があればそれを記入する。

VII-1 【　】部門　職務調査シート

（　　　）部門　職務調査シート　　記入者（　　　）

毎日の業務（デイリーワーク）	週間業務（ウイークリーワーク）	月間業務（マンスリーワーク）	年間業務（イヤリーワーク）	臨時業務（スポットワーク）
日勤	月曜日	1日〜5日	1月	（　）の場合
8:00	火曜日	6日〜10日	2月	（　）の場合
9:00	水曜日	11日〜15日	3月	（　）の場合
10:00	木曜日	16日〜20日	4月	（　）の場合
11:00	金曜日	21日〜25日	5月	（　）の場合
12:00	土曜日	26日〜31日	6月	（　）の場合
13:00	日曜日		7月	（　）の場合
14:00			8月	（　）の場合
15:00			9月	（　）の場合
16:00			10月	（　）の場合
17:00			11月	
夜勤			12月	
17:00				
18:00				
19:00				
20:00				
21:00				
22:00				
23:00				
0:00				
1:00				
2:00				
3:00				
4:00				
5:00				
6:00				
7:00				
8:00				

■ VII-2　食事介助手順（通所サービス）

食事介助手順（通所サービス）　1/3

1. 目的

通所サービスご利用者の食事を、安全、快適かつおいしく召し上がっていただくために、自立して喫食のできないご利用者の介助を行い、ご利用者の健康の維持・向上を促進することを目的とする。

2. 手順とフローチャート

工程	担当者	手順	備考（参照文書、記録等）
食事の声かけ	介護職	・昼食（12時00分）、に間に合うように、食事の声かけをし、必要な方には離床介助を行う。	□□□
食事誘導	介護職	・所定の食事席へ誘導する（特記事項の食事介助対象者の識別参照）。 ・ベッド配膳の方、または延食、禁食をする可能性のあるご利用者については事前に看護師に確認し指示を得る。	
食事準備	介護職	・配膳前に食事メニューの説明を行う。 ・職員は手洗い及び手指消毒を行い食事用エプロンを着用する。 ・水呑み、入れ歯を準備 ・テーブル毎にコップ、必要な方にはエプロン、自助具を準備する。	
配膳準備	介護職	・手指等清潔にしていただく。 ・エプロンの必要な方は付けていただく。 ・おしぼりを配り拭いていただく。介助の必要なご利用者は、介助員が清拭を行う	
配茶	介護職	・やけどしない程度のお茶をお出しする。 ・配膳の前にお茶を飲んでいただくように声かけまたは介助する。	
配膳	介護職	・必要な方には汁物にトロミをつける。 ・配膳時、食札の名前と食事形態を確認して、またご本人の前で名前をお呼びし、確認後、配膳する。 ・必要な方には自助具・食器を使いやすいようにセットする。	

食事介助手順（通所サービス）2/3

工程	担当者	手順	備考（参照文書、記録等）
食事介助	介護職	・食事摂取時の姿勢を確認し、正しい姿勢になるように声かけまたは介助する。 ・義歯が装着されているか確認する。 ・個々の状態に合わせて全介助・半介助を行う。 　通所介護計画等を見て個々のケースを参考にする。その日の体調によっては看護師の指示に従う。 ・その方にあったペースで食事を勧め一口ずつ飲み込みを確認しながらゆっくり介助する。 ・主食、副食、汁物をバランスよく勧める。 ・半介助の方には残存機能を活かし、過度に介助しないように注意する。 ・食事介助終了後、口腔内に食物が残っていないかどうか確認する。	通所介護計画 ショートステイのケース記録
食事量チェック	介護職	・全ご利用者へ食事量チェックを行う。 ・特に看介護日誌で体調不良の方、食事形態が変更となった方等を確認しておき、食事摂取量をチェックし、食事チェック表に食事量を記入する。必要に応じ、看護師に報告し、看介護日誌等に記入する。 　・ベッド配膳の方→「ベッド」 　　欠食の方→「欠」 　　禁食の方→「禁」 　　と備考欄に記入する。 　・食事量の目安について 　　　10割 　　　8割 　　　5割 　　　3割 　　　1割→数口 　　　0　→　手つかず	看介護日誌 食事チェック表 ケース記録 看護カルテ
下　膳	介護職	・食事が終了したことを確認後、食べ終わった方から順に下膳する。	

VII-2　食事介助手順（通所サービス）

食事介助手順（通所サービス） 3/3

3. 特記事項

《責任者》
　食事介助実施の責任は、介護職、看護師、栄養士にある。
　なお、食事摂取量のチェックに基づく評価の責任は、モニタリング担当者にある。
　（モニタリング手順参照）

《食事介助対象者の識別》
　食札の名前にシールが貼付されている方は介助対象となる。

　※介助レベルの識別（共通）

> - 全介助の方　　――　赤色のシール
> - 半介助の方　　――　黄色のシール
> - 一部介助の方　――　黄色のシール

《補助飲料水》
　食事介助の状態観察を行い、ご利用者の嚥下状態に合わせ、補助飲料水として、お茶寒天、ポカリ寒天、トロミ茶を使い分ける。

《通所サービスの注意点》
○配膳のとき、汁物については、最後に配膳をする（温かいものの提供）。
○配膳担当者は、必ずエプロンを着用する。
○食札のある方から、配膳を行う。
○配膳台車から、配膳台を取り出すときは、下のほうから順次出す。また、配膳の方法としては、手前のご利用者から配膳をする。

■ VII-3　ケアプラン作成手順（居宅介護支援事業）

ケアプラン作成手順（居宅介護支援事業） 1/3

1. 目的

○○支援事業所のご利用者に必要な介護サービスを提供するために、適切なケアプランを作成することを目的とする。

2. 手順とフローチャート

工程	担当者	手順	備考（参照文書、記録等）
利用者受付対応より		インテーク用紙に受付時の情報記入。	
↓			
アセスメント予定日計画	ケアマネジャー	・要介護認定における認定調査の立会いがある場合、認定調査がアセスメントを兼ねる。 ・管理表のアセスメント予定日に記入。	ケアプラン作成スケジュール管理表
↓			
アセスメント実施	ケアマネジャー	・居宅ガイドライン方式シートに記入。 ・管理表のアセスメント実施日に記入。	居宅ガイドライン方式シート ケアプラン作成スケジュール管理表
↓			
アセスメント情報入力	ケアマネジャー	・居宅ガイドライン方式シートにアセスメント情報を記入。	
↓			
第1次ケアプラン作成	ケアマネジャー	・以下のようにケアプランを作成： ※パソコンソフトより作成： 　居宅サービス計画書（1） 　週間計画表 　居宅サービス計画書（2） ・管理表のケアプラン作成日に記入	居宅サービス計画書（1） 週間計画表 居宅サービス計画書（2） ケアプラン作成スケジュール管理表
↓			
カンファレンス予定日計画	ケアマネジャー	・ケアプラン作成状況からケアカンファレンス予定日を決定 ・管理表のケアカンファレンス予定日を記入	ケアプラン作成スケジュール管理表
↓			
ケアカンファレンス資料アウトプット	ケアマネジャー	・パソコンソフトを使用した場合、以下の帳票をアウトプット及び準備。 《準備資料》 　・インテーク用紙 《出力帳票》 　・居宅サービス計画書（1） 　・週間計画表 　・居宅サービス計画書（2）	
↓			

ケアプラン作成手順（居宅介護支援事業）2/3

工程	担当者	手順	備考（参照文書、記録等）
ケアカンファレンス	ケアカンファレンスメンバー	・カンファレンス資料を参考に審査、検証し、不適切な場合、再度ケアプランをたてなおす。 ・カンファレンス内容を「サービス会議の要点シート」に議事録として記入し、ケアカンファレンス実施日をケアプラン作成スケジュール管理表に記入する。 ・ケアカンファレンス実施要領参照（特記事項）。	ケアプラン作成スケジュール管理表
第2次ケアプラン作成	ケアカンファレンスメンバー	・ケアカンファレンス結果をもとにケアプランを修正・作成する ・パソコンソフトに入力し、サービスを計画する。	
ケアプラン承認	ケアマネジャー	・ケアプラン作成スケジュール管理表に日付及び署名または捺印のうえ承認の記録を残す。	
利用者確認	ケアマネジャー	・ケアプランの内容を説明。 ・ケアプランについてケアカンファレンスについて承認された場合、ご利用者・ご家族にケアプラン同意の表紙承認欄に署名・捺印していただく。その後ファイルに保管する。 ・一部をご利用者へ渡す（ご利用者・ご家族に承認していただけなかった場合、再度ケアプランを作成する際は、ケアプラン作成に戻る）。 ・ご利用者の確認結果、日付、またプラン期間の末日（介護サービス提供日より原則3か月後）をモニタリングのためにケアプラン作成スケジュール管理表に記入。	ケアプラン（表紙） 居宅サービス計画書(1)・(2) 週間計画表 ケアプラン作成スケジュール管理表
サービス事業者連絡	ケアマネジャー	・ケアプランをサービス事業者に配布・伝達 ・各サービス事業者より、個別援助計画（訪問介護計画・通所介護計画・訪問看護計画・訪問リハビリ計画等）をもらう。	
保　管	ケアマネジャー	・ケアプランを各ケースファイルにとじ、所定の場所に保管	

ケアプラン作成手順（居宅介護支援事業） 3/3

3. 特記事項

《ケアカンファレンスメンバー：インタフェース》

- ケアマネジャー
- サービス事業者
- その他（行政 CW・Dr・MSW、可能であれば利用者／家族等）

《ケアカンファレンス実施要領》
　ケアカンファレンスは、以下の要領にて実施する。
①開催頻度：随時
- サービス導入時に随時実施
- サービス提供の対応を早急にしなければならない場合や、レベルの著しい変更がある場合などには臨時で実施。

②主治医が出席できなかった場合、サービス担当者会議資料を送付し、記入後、返送をしてもらう。
③医療系の介護サービスを利用する場合、主治医の指示に関する記録をもらう。

《ケアプランの更新・変更》
- ご利用者の ADL の変化、モニタリングの結果により、現状のケアプランがご利用者にとって妥当ではないと思われる場合、再度アセスメントを行い、上述の手順に従いケアプランを変更する。
- 変更内容は、ケアカンファレンスを通じ関係者に伝達する。
- ケアプランを変更する場合、再度ケアカンファレンスにはかり、ご利用者の確認を得る。変更したケアプランはサービス担当者に配布のうえ、伝達する。

《サービス担当者》
　ケアプラン作成にあたり、他の介護サービス事業者などを担当者としてプランに含める場合、サービス事業者評価選定手順により評価選定された事業者からサービス担当者を計画すること。

《その他参照文書》
- 契約書内「個人情報取り扱い規定」

■ VII-4 送迎実施手順（通所サービス）

送迎実施手順（通所サービス） 1/2

1. 目的

○○園通所サービスのご利用者に対し、適切な送迎ルートの作成を行い、快適かつ安全な送迎を行うことを目的とする。

2. 手順とフローチャート

送迎実施業務の責任は相談員にある。

工程	担当者	手順	備考（参照文書、記録等）
カレンダーに記入	相談員 ケースワーカー	・月末（25日）にサービス提供票をまとめ、ご利用者の休みをサービス提供票から送迎カレンダーに記入する。 ・連絡帳、送迎時に欠席の連絡を受けた際は送迎カレンダーに記入する。	サービス提供票 送迎カレンダー
送迎予定転記	相談員	〈前日〉 ・前日に送迎カレンダー、欠席連絡ノート（ケアプラザのみ記入）で欠席者を確認し、送迎板に送迎コースを作成する。 ・作成した送迎板を運転日誌に転記 〈当日〉 ・再度、送迎カレンダー、欠席連絡ノートで欠席者を確認し、出席者を運転日誌にて確認する。	送迎カレンダー 欠席連絡ノート 送迎板 運転日誌
送迎（迎え）	送迎担当	・自動車運行記録表（ケアプラザのみ記入）、運転日誌に走行距離、出発時間等を記入する。 ・お荷物を預かりする。 ・転倒に注意し必要に応じた介助を行い、乗車していただく。 ・シートベルトを締める。 ・連絡帳をお預かりする。 ・運転日誌にご利用者宅の到着時間を記入する。	運転日誌 自動車運行記録表 連絡帳

送迎実施手順（通所サービス）2/2

工程	担当者	手順	備考（参照文書、記録等）
送迎（送り）	送迎担当	・転倒に注意し、必要に応じた介助を行い乗車していただく。 ・シートベルトを締める。 ・忘れ物がないか確認する。（鞄、連絡表） ・ご利用者宅の到着時間を運転日誌に記入する。 ・自動車運行記録表、運転日誌に走行距離、時間等を記入する。 ・プラザ到着後、車内に忘れ物がないか確認する。	運転日誌 自動車運行記録表

3. 特記事項

《ご利用者宅への連絡》
　お迎え時、ご利用者宅5分前に携帯電話にて連絡を行う（ケアホーム、老人保健施設）。特別養護老人ホームにおいては車内搭載無線機にて、送迎予定時間を大幅に遅れると判断された場合、施設事務員に連絡し、施設事務員よりご利用者宅へ連絡を行う。

■ VII-5　ターミナルケア手順

ターミナルケア手順　1/2

1. 目的

ご利用者の尊厳を守り、苦痛や不安を軽減できるように援助し、ご家族も心乱すことなく、あたたかく見送れるような対応をし、適切な処置を提供することを目的とする。

2. 手順とフローチャート

エンゼルセット（脱脂綿、割り箸、ガーゼ、絆創膏、包帯、ブラ手、白い布、髭剃り、ヘアブラシ、バケツ、タオル2枚、紙オムツ、ヂアミトール液）

工程	担当者	手順	備考（参照文書、記録等）
ゲスト急変	看護師	・入居時にあらかじめ家族より希望を確認した急変時対応、ターミナルの場所について、「急変時対応について」記録を確認し、「急変時対応について」の内容に従い対応する。	「緊急時対応について」
医師に報告	看護師 介護	・医師にゲストの状態、「急変時対応について」の家族の希望等を報告し、医師の作成する医師二号用紙により指示を受ける。	「緊急時対応について」 医師二号用紙
家族に報告・連絡	看護師	・「急変時対応について」に記載されている、ご家族等の希望連絡先にゲストの状態を連絡し、来園を依頼する。	「緊急時対応について」
危篤時の処置	看護／介護／医師	・医師二号用紙に従い医療処置を行い、また日常ケアにより苦痛緩和を図る。 ・ゲストの状態を適時ご家族へ連絡する。 ・死期が近い（数十分～数時間）ときは、ご家族へその旨を連絡し来園してもらう。 ・ご家族が来園した場合、様子をみて「急変時対応について」再確認をお願いする。 ・個室が空いている場合、個室に移動して処置。	医師二号用紙 「緊急時対応について」
病院へ	看護／介護／医師	ご家族の希望を確認のうえ、病院へ移送。	

ターミナルケア手順　2/2

工程	担当者	手順	備考（参照文書、記録等）
死亡時の処置	医師 看護 介護	①死亡確認し、死亡診断書を作成、コピーをして事務に提出する。 ②ご家族等に死亡の連絡をし、引き取り方法についての確認をする。 ③エンゼルセットを用意する。 ④ご遺体はストレッチャーを使用し病院救急処置室へ移し、死後の処置（他の職員にも協力を要請する）を行う。	死亡診断書 特記事項参照
お見送り	全職員	・勤務中の職員に声かけをし、お見送りをする。	
退　所	事務	・利用料金清算し、請求書を発行する。 ・死亡診断書を家族へ渡す。 ・残高がある場合、預り金を返金。 ・預り物品がある場合、ご家族に受領証を記入してもらう。	預り金管理規程 退所時対応手順
保　管	事務	・カルテに記入漏れがないか確認し、退所者リスト一覧表に退所者名、カルテNo.を記入。事務室書棚に保管する。	退所者リスト一覧表

3. 特記事項

《責任者》
　ターミナルケアに関する責任は、以下のとおりとする。
　・ご利用者への対応：
　・ご家族への対応：

《死後の処置手順》

①バケツにお湯、クレゾール液を入れ全身清拭を行う。
②真綿、次に脱脂綿を鼻、口、耳、肛門、膣に割り箸を用いて詰める（鼻、口、耳より脱脂綿が露出しないように注意する）。
③男性は髭剃りを行う。
④紙オムツ、パットを厚めに当てる。
⑤着物は右前に合わせ、腰紐を立て結びにして着せる。
⑥手を前胸部に組ませ包帯で固定する。
⑦化粧をし頭髪を整える。
⑧白布を顔にかける。

My Way of Consulting ⑦

Column 「夜の連絡網」が職員の離職を加速させる

　「夜の連絡網」と聞いて、何のことかと思うだろう。これは、職場では話せない本音や不満、陰口、中傷などを、自宅に帰って固定電話や携帯電話で話し合うことだ。

　この連絡網のすごいところは、情報があっという間に、それも24時間以内に多くの職員の間を駆け巡ることである。なかにはまったくの誤報もあるが、情報が駆け巡った後では修正もきかず、ターゲットとされた人の人間関係に大きな影響が出ることになる。

　「夜の連絡網」の特徴として、「前向きに頑張ろう」といったポジティブな情報はほとんどないことがあげられる。また、経営や職場を自分の力で何とかよくしていこうという意欲のある職員は、このネットワークにはなかなか入らない。生産性に寄与しないネガティブな夜の連絡網は無用の長物だが、こういった情報に振り回される職員はけっこう多いものだ。

　ある介護事業所での話である。賃金制度が変更され、能力評価や業績評価が導入されたときのことだ。事が給与に関わるテーマだったので、事務長は、説明会や文書による通達に加えて、部門長を一人ずつ呼んで説明を行った。新賃金体制への移行時に少しだけ基本給額の変更はあったものの（5000円以内）、総支給額を変えず移行することや、頑張った者が報われる制度だということをしっかり説明した。各部門長には理解してもらえたと思っていた。翌日の全体集会では職員全員に説明する段取りになっていたが、事件はその前夜に起こった。

　一部の職員が、集会当日の朝、血相を変えて事務長に詰め寄ってきたのだ。事務長がその理由を聞くと、彼女たちは次のように答えた。

　「なぜ、一生懸命仕事をしているのに、給与が下げられるのか」
　「若手は優遇しても、ベテランは処遇が厳しいようだが、自分たちはお払い箱なのか」
　「こんな一方的な制度の導入はおかしいのではないか」

　事務長にとってはまさに寝耳に水の出来事だ。そんな話は一言もいっていないし、導入の趣旨が完全に曲解されていたのだ。

　若手への優遇の件では、若手に年齢給の要素が反映されるだけで評価が甘くなるというわけではない。ベテランの処遇が厳しくなるのではなく、能力評価と成果が加わるだけだ。一方的な導入といっても、説明会や部門長を通じて段階的に説明していたはずだ。

　どうしてこんな事態になったのか。どうも、真意をきちんと理解していない一部の心ない部門長の言葉が、職員に大きな誤解を与えたようなのだ。しかも実際には、その部門長も1人の職員にだけ少し言葉を滑らせただけだった。ところが、その職員が「夜の連絡網」を使い、話が拡散していく過程で誤解を生み、曲解の輪を広げていったのだ。

　以前、お付き合いのあった、全国展開する中堅企業の役員の方がこういっていたのを思い出した。

　「うちの夜の連絡網は新幹線や飛行機よりも早いですよ。誰が浮気をしてるとか、上司と衝突したAさんには退職意思があるとか、拠点長や役員の悪口とか、ホウレンソウはなかなか上がってこないのに、こういった情報は、ほんとうに早いんですよ」と。

Category VIII

教育カリキュラム作成
コンサルティングの進め方

1 教育カリキュラム・コンサルティングが求められる背景

　介護業界では、介護職処遇改善交付金導入時に、「キャリアパス」の必要性が高まった（処遇改善給交付金は平成24年3月末で終了し、平成24年度から介護職員処遇改善加算として介護報酬に組み込まれている）。

　「キャリアパス」とは、仕事の経験やスキルを積みながら、自らの能力を高くしていくための順序を系統立て、将来の目的や昇進プラン・キャリアアッププランを、**具体化・明確化**するものである。

　定着率の悪い介護業界で、職員に将来を見すえて、ビジョンをもって業務に取り組んでもらうには、「何年後には、どのような職務能力がついて、それが賃金にどう反映されるか」を明示すること。そうでなければ、**職員の離職に歯止めをかけるのは難しい**。

　「何年後、何等級ならどのような仕事ができる」を明確にしているのが、「職能要件書」である。その**職能要件書に書かれた実務内容を教育するための、施設内教育システム**が「教育カリキュラム」である。この「教育カリキュラム」を一緒に作成することは、そのまま介護施設の将来にわたる計画に参画することにつながり、長期のお手伝いも可能である。

　さらに、こういう教育カリキュラムは、ある程度の規模（職員数30名以上）の施設の経営者であればテーマとして持っているはずである。

2 経験年数別・役職別教育計画のケース

　一般的に作成される教育カリキュラムの汎用的なパターンである。職員のレベル別に必要な教育項目を、事例にあるように作成していく。

(1) 教育を「内部教育」と「施設外教育」に分ける

(2) 一般の施設では「施設外の研修」が多いが、**施設内研修（内部の管理者や先輩職員が講師になって研修を行う）を充実させたほうが仕組みも残り、教育効果が出やすい**

(3) 経験年数別の習得課題を決める（**VIII-1　経験年数・役職別の教育カリキュラム実例**を参照）

> ①経験年数は、「入職1年未満」
> 　　　　　　　「1〜3年未満」
> 　　　　　　　「3〜5年未満」
> 　　　　　　　「5年以上主任クラス」
> 　に分ける。（5年以上は専門職以外で、管理職クラスを指し、ほぼ現業ができると判断する）
> ②習得する課題は　実例のように施設の管理者と協議して選択する。

(4)「研修内容」をOJT（現場教育）とOff-JT（現場外教育）に分けて詳細を決める

> ①内部講師比率を高めて、レポート等の提出を増やす。
> 　（文書力があることは、日報やケアプランでも有用なため）
> ②単に座学や研修だけでなく、「○年したら、この経験はしていなくては困る」というような施設の独自性もあるので、その経験もOJTに入れる。
> ③主任以上については、OJTやDVD学習、通信教育等、「マネジメント」に関する教育機会を増やす。

3　ポイント式キャリアパス教育カリキュラム作成のケース

　この教育カリキュラムは、ポイント式と内部講師方式に重点を置いた、これからの教育カリキュラムといえる。

(1) ポイント式教育カリキュラムの目的

　　集合研修や外部研修による教育への偏りが大きくなると、受ける者の時間的な負担が増し、また「教育機会の不公平性」につながりかねない。

　　教育は受ける者の権利であり、「受けたくないのに、無理やり受けさせられる」のでは積極的な姿勢にはならない。

　　そこで、**ポイント式教育カリキュラム**では、該当等級に必要な教育項目を明確にして、自己申告を中心とした、「上司から指示されて行う教育から、本人の計画を本人の申し出によって行う」教育にしている。

　　ただし、**該当等級の期間中に必要教育を受けなければ、上位等級への昇格が難しくなるので、それは結果として、評価や給与にも反映される。**

　　また、教育を受ける者だけではなく、教育する側の上位等級者または役職者も、「**教育を実施した結果**」が評価対象になっている。

上位等級者・役職者は、部下からの受講の申し出を待つだけでは教育実施結果が埋まらないので、部下に協力して積極的に関与する姿勢が求められる。

(2) ポイント式教育カリキュラムの教育項目作成の仕方

> ① VIII-2　ポイント式キャリアパス教育カリキュラム（実例）のように、縦に必要教育項目枠と横に等級数を出して表を作成する。
> ②「必要教育項目」は、主に「読み合わせ」「受講」「経験」「資格取得」「レポート」に分けられる。
> ③「読み合わせ」とは、テキストや資料を上位等級者が部下と1対1、または1対複数で読み合わせしながら、時に質問をぶつけて、知識習得の確認を行うものである。上位等級者も知識の確認になる。
> ④「受講」とは、セミナー等の研修への参加である。内部講師の場合もある。
> ⑤「経験」とは、「○等級までの期間中には、□を経験してもらわないといけない」というようなことを指す。
> ⑥「資格取得」は、「○等級までの期間中には、この資格は必須条件」という場合である。
> ⑦「レポート」は、研修全般を通じて、書かせる機会を増やす。

(3) 横軸のどの等級期間中に必要な教育か、○をつける（平均等級期間が3年で、毎年1回受ける必要がある講習なら、○を3個つける）

(4) 毎年、事前に教育カリキュラムに沿って計画を立て、「教育受講票」に記載して、該当する内部講師の上長へ事前に許可をもらって、各自が進めていく（上司から言われて行うのではなく、自身の判断で行う。サボれば、評価が上がらず、給与が変わらないか、下がるだけ）

4　年間教育計画の作成ケース

このケースは、部門別の教育計画を年度目標設定時に作成する方式である。事例にあるようなパターンで作成を進める。

(1) 毎期、事業計画や部門方針・行動計画立案時に VIII-3　グループホーム職員教育計画実例のように作成する

(2) シート実例に沿って、クライアントの各部門責任者が記入する

(3)「施設内教育」と「施設外教育」に分ける

(4) 教育項目は下記のように分かれる

> ①専門実務の知識技術教育
> ②基本動作教育(接遇、報告連絡、指示命令、クレーム処理、会議等)
> ③メンタル・モチベーション教育(個別指導、面談、カウンセリング等)
> ④マネジメント教育(リーダーシップ、カイゼンレベルアップ、目標管理指導、役割分担等)

■ VIII-1 【介護】部門　教育カリキュラム

該当等級	役職及び経験年数	習得する課題	研修内容 OJT	研修内容 OFF-JT
新人	1年未満	基本マナーを習得する	接遇に関する研修‥‥年2回(5月、12月)(○○の里　施設内研修・社内講師)	
			教育係による指導‥‥随時(電話対応、来客対応)	外部講師の勉強会に参加‥年1回(銀行、アステム、NTT等)
		基本的知識を習得する(介護技術の基本を習得する)	ビデオ(基本介護技術DVD3枚)と業務手順書双方を見て、レポート提出‥9月実施	外部研修等受けレポート提出
			拘束体験(○○の里)‥‥4月	地域の講習会に参加
			教育係による指導	
		施設サービス計画の把握(担当利用者に関して)	教育係による指導	
		新入社員導入教育(社会人としての常識)	内規・経営理念等の研修(入職後は施設長説明。SMが、5月GW明けに再説明	入職前教育(2泊3日)
		観察力の向上を図る	ヒヤリハットを数多く提出させる	
		パソコンの基礎の習得	教育係	自己研鑽(パソコン教室等)
	ヘルパー1・2級 実務未満1年	年間計画に沿ってマニュアルを基に介護技術・マニュアルを学ぶ	教育係(ヘルパー主任)‥随時。2Fでの実習経験	調理実習に模擬訓練に参加(1年以上は継続して実施)
		経営理念・運営方針の理解	施設長によるレクチャー(随時)	
介護スペシャリスト(中堅)	実務1〜3年未満	介護福祉士の資格取得準備	前年度合格者と介護福祉士会の職員による「合格塾」への参加	介護福祉士の模擬試験を受験(介護研修センター、ケアビズネットで)
		カイゼン活動	カイゼン委員を経験し、チームの意見をまとめて発表する。	
		人事考課に関して	評価面談年2回(半期の目標設定・振り返りと自己評価を確実なものにする)‥SM、主任が担当	
		施設サービス計画の作成	入職後、担当の最初のケアプランからカンファ等で、CM等よりアドバイスを受ける	
		新人職員を育成することで指導力の基礎を学ぶ	「教育係」として新人職員の指導(メンタルのケア、新人の相談相手等)	日帰り中堅職員研修に参加(介護研修センター主催)
		マナーの実践と指導	「教育係」として新人を指導をする(電話対応、来客対応)‥‥3年未満で内部講師を経験する	外部講師の勉強会に参加‥年1回(銀行、アステム、NTT等)
		専門性の修得		皆が交代でレク研修受講(介護研修センターレク協会)
				各種の認知症研修(実践者)の参加
		個別援助技術の習得	年1回　模擬個別援助のロールプレイング。口頭質問を受ける(ベテラン職員によるチェック)	
		職員研修での研究発表	テーマを与えられて毎月の職員研修で発表・報告(年1回は必ず発表者になる)	
		行事の経験	実行委員として盆踊り等の行事を企画、反省会を行う。月行事にも何かの役割を持つ	
	実務3〜5年未満	介護支援専門員の資格取得準備	過年度合格者による「ケアマネ合格塾」への参加	模擬試験を受験(インターネットで受験)
		カイゼン活動	カイゼン委員を経験し、チームの意見をまとめて発表する。	
		人事考課に関して	評価面談　年2回(半期の目標設定・振り返りと自己評価を確実なものにする)‥SM、主任が担当	
		施設サービス計画の作成	入職後、担当の最初のケアプランからカンファ等で、CM等よりアドバイスを受ける	
		新人職員を育成することで指導力の基礎を学ぶ	「教育係」で新人職員の指導(メンタルのケア、新人の相談相手等)	日帰り中堅職員研修に参加(介護研修センター主催)
		マナーの実践と指導	「教育係」として新人を指導をする(電話対応、来客対応)‥‥3年未満で内部講師を経験する	外部講師の勉強会に参加‥年1回(銀行、アステム、NTT等)
		専門性の修得		皆が交代でレク研修受講(介護研修センターレク協会)
				各種の認知症研修(実践者)の参加
		個別援助技術の修得	年1回　模擬個別援助のロールプレイング。口頭質問を受ける(ベテラン職員によるチェック)	
		職員研修での研究発表	テーマを与えられて毎月の職員研修で発表・報告(年1回は必ず発表者になる)	
		行事の経験	実行委員長として、盆踊り等の行事を企画、反省会を行う。月行事にも何かの役割を持つ	
		外部での研究発表		老施協職員研修会での発表者を経験

該当等級	役職及び経験年数	習得する課題	研修内容	
			OJT	OFF-JT
スペシャリスト	入職5年以上及び主任クラス	高度な専門的知識・技術を習得する		(CMの場合)主任介護支援専門員研修 介護専門員専門研修課程Ⅱ
				介護福祉士会主催の研修には積極的に参加し情報収集
				各種の認知症研修(実践者)の参加
			外部でのリスクマネジメン研修受講後、施設内で講師をする	各種リスクマネジメント研修の参加
		介護支援専門員の資格取得	未取得者は過年度合格者による「ケアマネ合格塾」への参加	模擬試験を受験(インターネットで受験)
		職員指導・研修に関する知識・技術を高める	合格者は介護支援専門員受験対策講座「ケアマネ合格塾」の開催・講師	主任以上 社会福祉協議会主催による『福祉施設指導職員研修会』に参加
				看護師 看護協会主催の研修会への参加
		人材育成	人事考課の一次考課者を経験	
			内部講師として外部で研修したことや自己の研究テーマをレポート整理し、質疑応答できるレベルで講義を行う(1人年1回から)	介護研修センター等の指導者(リーダー)研修受講
		コーチング教育	施設長・所長主催 DVD視聴と反省会の参加(年2回)	コーチング研修参加
			施設長・所長主催 DVD視聴と反省会の参加(年2回)	
		勤務表マネジメント(勤務表作成と調整)	就業規則、介護保険全体把握	
		委員長経験によるリーダーシップ育成	チームをまとめて、各種会議等で発表	
		施設サービス計画の指導	カンファ等で計画の良し悪しを指摘・アドバイスができる	
マネジメント	管理者・SM	カウンセリング力・コーチング力を高める		介護研修センター主催スーパービジョン研修受講
		評価面談能力を高める		自己研修(DVD学習)と春秋の評価前面談ロープレ
		高度な専門的知識・技術を習得する		(CMの場合)主任介護支援専門員研修 介護専門員専門研修課程Ⅱ
				介護福祉士会主催の研修には積極的に参加し情報収集
				各種の認知症研修(実践者)の参加
			外部でのリスクマネジメン研修受講後、施設内で講師をする	各種リスクマネジメント研修の参加
		介護支援専門員の資格取得	未取得者は過年度合格者による「ケアマネ合格塾」への参加	模擬試験を受験(インターネットで受験)
		職員指導・研修に関する知識・技術を高める	合格者は介護支援専門員受験対策講座「ケアマネ合格塾」の開催・講師	主任以上 社会福祉協議会主催による『福祉施設指導職員研修会』に参加
		人材育成	人事考課の一次考課者を経験	
			内部講師として外部で研修したことや自己の研究テーマをレポート整理し、質疑応答できるレベルで講義を行う(1人年1回から)	介護研修センター等の指導者(リーダー)研修受講
		コーチング教育	施設長・所長主催 DVD視聴と反省会の参加(年2回)	コーチング研修参加
			部下からのコーチングアンケートの実施と振り返り(年1回)	
		委員長経験によるリーダーシップ育成	チームをまとめて、各種会議等で発表	
		施設サービス計画の指導	カンファ等で計画の良し悪しを指摘・アドバイスができる	

VIII-1 【介護】部門 教育カリキュラム

■ VIII-2　ポイント式キャリアパス教育カリキュラム（実例）

1	ポイント式とは、該当等級で在籍中に指定の教育や経験を踏まなければ、上位等級へ昇格する条件が満たないことを示す。また人事考課において、年度の個人目標で設定した教育受講を実施していなければ、マイナス評価の対象になることを指す。
2	各職員は、自分の目標に設定された教育を受講または体得するために、自ら積極的に関係上司に働きかけなければ、受講ポイントは付与されない。待ちの姿勢で上司からの働きかけを期待してはいけない。
3	各職員から、教育受講を働きかけられた関係上司は、可能な限り部下のために時間を調整して、必要な学習機会の提供やフォローをすることが求められる。その協力姿勢は、人事考課の対象となる。
4	受講票へのポイント付与については、学習結果を検証できるものでなければ、サインしてはならない。「読みました」「やりました」だけでなく、必ずアウトプットされるものを条件とする。

一般職群（無資格の補助職）

		項目	N-1等級（経験3年までの初級者）	N-2等級（経験4〜7年の中堅）	N-3等級（経験8年以上のベテラン）
OFF-JT	〈1〉	拘束体験研修の受講（入職時異動時）該当者全員	←		
	〈2〉	拘束体験研修企画と感想のチェック			
	〈3〉	接遇研修受講（グループ単位）…年1回(9月)	○○	○○	○○
	〈4〉	接遇研修の社内講師経験（年1回以上満足度調査集計やロープレ経験）			
	〈5〉	電話応対研修受講　N1、J1、S1期間中に1回受講	○		
	〈6〉	電話応対研修講師経験　J1までに講師を1回経験			
	〈7〉	DVD（移乗以外の基本介護技術DVD3枚）と業務手順書を双方見ての学習とレポート提出（DVDは貸し出し）‥入職時と異動時と各等級期間中に1回	○	○	○
	〈8〉	新入社員導入教育（社会人としての常識）	○		
	〈9〉	経営理念冊子・倫理の説明受講・読み合わせ（5月までに実施）目標書き込み	○	○	○
	〈10〉	内規の説明受講・読み合わせ（9月までに実施）目標書き込み	○	○	○
	〈11〉	経営理念・倫理の説明講師（5月までに）			
	〈12〉	内規の説明講師（複数による説明の分担も可）9月までに実施			
	〈13〉	介護保険制度の基礎の説明受講（入職時と異動時）	○		
	〈14〉	介護保険制度の説明講師の経験			
	〈15〉	虐待防止（高齢者のプライバシー、個人情報、身体拘束）の説明受講	○	○	○
	〈16〉	虐待防止マニュアル読み合わせ、チェックシートの解説の説明講師は虐待防止委員（J1までには必ず経験する）		○	○
	〈17〉	救急対応の受講‥消防署から年1回（非受講者は他の施設の講習に参加）	○	○	○
	〈18〉	カイゼン委員を経験し、チームの意見をまとめ作業とカイゼン委員の職務実施（未経験者は3にはなれない）	○	○	
	〈19〉	基本動作教育（4科目…報連相、4S、クレーム、コミュニケーション）の受講（テキストの読み合わせ）と、レポートの添削…年1回	○	○	
	〈20〉	基本動作教育（4科目）の説明講師（テキストの読み合わせ）とレポートの添削…年2回以上			○
	〈21〉	テーマを与えられて毎月の職員研修で発表・報告（年1回は必ず発表者になる。チームでも可）	○	○	○
	〈22〉	老施協職員研修会での発表者を経験（該当等級中に1回は経験する）			○
	〈23〉	施設長・所長主催　コーチングDVD視聴と反省会の参加（年1回）			
	〈24〉	部下からのコーチングアンケートの実施と振り返り（年1回）			
	〈25〉	脳トレの基礎研修（講師は資格者）一度受講すればOK	○	○	○
	〈26〉	職務基準の理解と遵守‥シート配布時に、職務基準の読み合わせをする（入職1年以上全員）	○	○	○
	〈27〉	安全運転講習の受講（自動車学校にて）‥管理者が指定した運転業務従事者が対象	←		
	〈28〉	キャリアアップのための自主研修で各種資格取得‥①社会福祉士、②精神保健福祉士、③介護福祉士、④社会福祉主事、⑤ケアマネ、⑥衛生管理者2種のいずれかを取得（S3までに取得するのが昇格の基礎要件）			○
OJT	〈1〉	拘束体験研修受講	○		
	〈2〉	自部門（グループ）の年度方針・実行計画づくりの参画と経験‥コスト管理も含め、トータルな視点で、改善課題について独自意見を提起する			
	〈3〉	新入職員・異動後の職員の「教育係」担当（メンタルのケア、新人の相談相手等）〈該当者がある場合〉		○	○
	〈4〉	助成金事業・新事業などの情報収集と申請‥結果を年1回施設長へ報告			

総合職群									専門職群		
有資格者の現場実務者			有資格者の初級管理・監督者			有資格者の経営管理者			専門有資格者の実務者		
J-1等級（経験3年までの初級者）	J-2等級（経験4〜7年の中堅）	J-3等級（経験8年以上のベテラン）	S-1等級（主任クラス）	S-2等級（主任及び係長クラス）	S-3等級（係長及び課長クラス）	M-1等級（課長及び部次長クラス）	M-2等級（部次長及び副施設長クラス）	M-3等級（部長及び施設長クラス）	S-1等級（経験3年までの初級者）	S-2等級（経験4〜7年の中堅）	S-3等級（経験8年以上のベテラン）
		○	○	○	○						→
○○	○○	○○	○○	○○	○○	○○	○○	○○	○○	○○	○○
		○	○	○	○						
○									○		
		○									
○	○	○	○	○	○	○	○	○	○	○	○
○											
○	○	○	○	○	○	○	○	○	○	○	○
○	○	○	○	○	○	○	○	○	○	○	○
						○	○	○			
		○	○	○	○	○					
○									○		
		○	○	○	○	○					
○	○	○	○	○	○	○	○	○	○	○	○
		○	○								
○	○	○	○	○	○	○	○	○	○	○	○
○	○								○	○	
○	○								○	○	○
		○	○○	○○	○○	○○	○○	○○			○
○	○	○	○	○	○						
		○	○	○	○						
		○	○	○	○	○					○
		○	○	○	○						
○	○	○	○	○	○	○	○				
○	○	○							○		
											→
		○									
○									○		
			○	○	○	○	○				
	○	○									○
			○								

VIII-2　ポイント式キャリアパス教育カリキュラム（実例）

■ VIII-3　グループホーム職員　教育計画（実例）

種別	項目	実施項目と内容		該当者	実施責任者
院内教育	技術・知識教育 （専門実務）	症状別対処法	対応方法と発見法	全員	HA
			低血糖,心筋梗塞、脳梗塞	全員	MA, TU
		料理	レシピ作り	全員	MA,
		アセスメントを学ぶ	ICFの立ち上げシート記入	全員	MA, ON
		ADL表の記載	介護保険更新時	全員	MA, ON
		モニタリング	毎月、3か月ごと	全員	MA, ON
	基本動作教育 （接遇、報告連絡、指示命令、クレーム処理、会議等）	自己評価		全員	HA, MA, ON
		第三者評価			HA, MA, ON
		事故報告書分析	ヒヤリハット、事故報告書を報告し分析する	全員	HA, MA, ON
	メンタル・モチベーション教育 （個別指導、面談、カウンセリング等）	個人面接の実施	人事考課,自己申告書の結果をふまえて	全員	HA
	マネジメント教育 （リーダーシップ、カイゼンレベルアップ、目標管理指導、役割分担等）	業務分担	1年間の役割を決める（済み）	全員	
		院内研究発表		未定	
	その他	消防訓練		全員	HA, MA, ON
		運営推進会議	案内、報告書まとめ	担当	HA, MA, ON
		復講	報告書の記載、提出	全員	HA, MA, ON

種別	項目			該当者	主催者
院外教育	技術・知識教育 （専門実務）	支部会、連絡会		全員交代	支部会
		認知症介護実践者研修		YA, FA	県
		認知症ケア学会		HA, MA	学会
		全国宅老所グループホーム大会		未定	CLC
		心身機能指導士講習会		MA	
		計算療法士講習会		MA, ON, TA	公文式
		日野原先生講演会等		希望者	新老人の会
		介護技術習得	病棟体験実習	MA, YA	
		料理教室		希望者	

教育の進め方（方法、形式、フィードバック等）	実施予定日											
	4月	5月	6月	7月	8月	9月	10月	11月	12月	1月	2月	3月
一人一食分の献立を作成しミーティングで発表												
受け持ちがプラン見直し時ミーティングで発表												
受け持ちが記載し院長に提出												
ミーティングで検討						■						
							■					
月1回のミーティングで行う												
年2回実施		■					■					
		■										
												■
運営推進会議		■		■		■		■		■		■
勉強会												
教育の進め方（方法、形式、フィードバック等）	実施予定日											
	4月	5月	6月	7月	8月	9月	10月	11月	12月	1月	2月	3月
		■		■		■		■		■		■
							■					
			■									

VIII-3 グループホーム職員 教育計画（実例） | *131*

My Way of Consulting ⑧

Column　メンタル面から介護職が離職する理由

　以下の調査は、以前、筆者の会社で調査した「結婚出産・健康障害以外で辞めたくなった組織風土の理由」である。介護事業所に限らず、すべての職場にいえることであるが、職員が辞める理由は、給与や通勤時間などの理由以上に、組織の問題が大きいことがうかがえる。

「結婚出産・健康障害以外で辞めたくなった組織風土の理由 15」

①経営陣も管理者も自分たちの話を聞いてくれない
②自分たちの意見は聞かず、なんでも勝手に決めて、無理なことでも「仕事だから」という指示に嫌気がさした
③人が辞めてしわ寄せがきていても、ねぎらいの言葉ひとつない
④上とコミュニケーションがなく、いいたいこともいえない雰囲気で息が詰まった
⑤この職場では、前向きな提案がいつも却下され、嫌になった
⑥上司は指示するだけで協力してくれず、自分ばかり孤軍奮闘させられ、あほらしくなった
⑦人間関係が難しい。問題のある管理者がいて、上層部も知っているのに何も手を打たない
⑧評価制度を導入したが、不公平がまかり通り、経営陣はダメ管理者の声だけで判断し、現状を見ていない
⑨うちの事業所は何を提案してもダメ。新たな挑戦・独自の動きを絶対しないから、そのうちジリ貧になる
⑩事業所収支が悪く、給与も賞与も下がったが、「業績が悪いから仕方ない」と一方的にいうだけで、経営陣や管理者からのお詫びの言葉もない
⑪事業所で起こっていることや、今後の方針を何も知らされず、ただ「働け」というばかりの経営者に不信感がある
⑫同族組織だから仕方ないけれど、仕事をあまりしていなくても身内は厚遇されて、他の従業員には冷たい
⑬責任と義務ばかり要求されて、何も権限が与えられていない
⑭経営陣がとにかく仲が悪く、コミュニケーションがとりづらい
⑮部門長同士の仲が悪く、必要な横の連携を自らとらず、何でも職員に伝達させる

（「ナーシングビジネス」2011.12, メディカ出版より。著者執筆）

Category IX

部門別目標管理指導コンサルティングの進め方

1　介護事業所に目標管理制度が必要な理由

　目標管理は多くの企業で当たり前のように導入されているマネジメントである。介護事業所においても、その必要性は年々高まっている。

> ①緊縮財政と高齢化の影響で、今後さらに、介護報酬改定の度に待ったなしの経営改革・コスト改革が望まれる。
> ②職員のやる気、職務能力向上は優先されるべきだが、経営面での貢献度の評価ウエイトが高くなってきた。
> ③トップダウンの指示命令型によるマネジメントから、**ボトムアップ型の自主性尊重のマネジメント**がより求められるようになってきた。
> ④旧態依然の保守的な行動が中心の組織では、行政側の方針転換、第三者機関の評価や、利用者や利用者家族の要望にスピーディに応えられない。
> ⑤情意考課・能力評価中心の人事評価システムだけではなく、**具体的な成績評価でメリハリをつけること**が求められるようになってきた。
> ⑥着眼大局・着手小局で、全体を見ながら、現場の介護に従事する職員が必要であり、ただ「利用者のため」という大義名分だけで業務をこなしていればすむ時代ではなくなった。

2　介護事業所に定着させる【チーム目標管理制度】

　近年、目標管理も様々な形態に進化しつつある。介護事業所に必要な目標管理は、「チーム」を主体とした目標設定と管理スタイルである。

> ①介護保険制度の改正などによって減収経営が常態化しつつある昨今において、適正な介護サービスを提供するには、大きな環境変化を期待するのではなく、**全員が目標を持ち、PDCA（プラン・ドゥ・チェック・アクション）を積み上げていくことが重要なマネジメント**となる。
> ②しかし、「介護に目標管理はなじまない」という固定観念があり、本来の目標設定と管理が進んでいないところが多い。
> ③減収下の企業の活性化に大きな効果を上げた「小さなカイゼン」を地道に繰り返す「**やる気になるチーム目標管理制度**」の導入は、そのような介護の組織にも最適である。
> ④この目標管理は「上からの押しつけ」ではなく、また「BSC（バランス・スコア・カード）のような管理のしづらい業績数値を前面に出したもの」でも

なく、「抽象的で成果が検証できないもの」でもない。
⑤とにかく、「**具体的に**」「**わかりやすく**」「**小さな実績を多く出し**」「**その成果が数値にも反映されること**」が、特長である。特に介護の現場では、情報の共有、コミュニケーション・レベルの向上、チームワークにも大きな成果が期待できる。
⑥能力主義の賃金評価制度の導入ができていない法人においても、その事前取り組みとして有効であり、「**目標**」と「**教育**」が連動した長続きする制度でなくてはならない。
⑦しかし、「やる気につながらない目標管理制度」であれば、職員には負担感のみが残り、導入してもさしたる成果が出ないことが多い。

3　介護事業所の目標管理がうまくいかない20の理由

　形ばかりの目標管理制度を導入しても、うまくいかない。なぜ、うまくいかないのか──その本質を理解しなければ、メリットよりデメリットが目立つようになる。

①成果目標が設定しにくいという固定観念からか、ほとんどの目標設定は「職務能力」か「資格取得」「基本動作」に集中している。
②目標の対象者が「個人評価」に集中しており、**個人だけの成果の評価に限定され、チームとしての成果評価になっていないのである**。
③**目標設定段階から、各部門の責任者の認識がバラバラで、評価に反映できない**。
④「目標設定」が、「やって当たり前のこと」を目標にしたり、「できていないことが問題なのに目標にしている」ことがあり、目標の妥当性が疑わしい。
⑤抽象的目標設定は、感覚的な人事考課と同義語であるという認識がない。したがって、**あとから達成度が計測・検証できない**。
⑥数値目標は介護現場にはふさしくないという理由から、はじめから考慮していない。その結果、達成度の評価を難しくしている。
⑦数値目標は自部門だけでは解決しないことが多く、責任の所在が曖昧だったり、責任転嫁をすることで、**数値目標の形骸化に拍車をかけている**。
⑧「目標管理シート」の雛形を作成しても、ただ提出させるだけで、**目標の勉強会や他部門との調整が皆無である**。
⑨「目標管理制度」の運営窓口である事務局が、適切なリーダーシップやチェック機能を果たしていないので、評価・検証がなし崩しになってしまう。また適切な教育がなされていない。

⑩ 大きな施設や組織が行うような、あるべき姿の目標管理システムを意識しすぎて、なかなか初動がとれず、「うちはシステムがないのでできない」と諦めている。

⑪ 「**目標達成率**」が具体的に賞与に反映されていない。また、若干反映されていても、どのように反映されるのかの説明がない。

⑫ 「**目標項目**」が現場の実作業や組織達成目標とリンクしておらず、資格を取得するとか、「～ができるようになる」とか、能力開発目標が中心になっている。

⑬ 目標水準が高すぎて、目標設定時から諦めムードになっている。公平な評価ということを意識しすぎて、本人の能力には関係なく、等級が同じなら同じ目標水準にし、「**能力のある人は安心し、能力のない人は諦める**」というようなことが当たり前になっている。

⑭ 成果主義を強調するあまり、**職員は評価のことばかり考えて、組織目標に貢献するということより、自分に都合のよい目標を設定する**ことを考えている。

⑮ 目標面接がうまく機能しておらず、押し付けの目標になっている。

⑯ 上司自身が目標管理についてよく理解していないため、目標管理に批判的になり、それが部下にも影響して、モチベーションにまで至っていない。

⑰ 仕方なく目標設定している。

⑱ **せっかく目標管理制度を導入して評価を行っても、最終的には上層部が修正するので、一生懸命やっても意味がない**と思っている。

⑲ 目標管理による目標達成より、**上司との人間関係をよくすることのほうが評価の影響が大きくなっている**。

⑳ 高い目標を設定するのであれば、それに見合った**権限も委譲すべきなのに、権限は今までどおり、やり方も今までどおりで、結果だけ高い水準を求める**ため、職員は苦痛を感じている。

4 【チーム目標管理制度】が成功するポイント（指導要領）

介護事業所にふさわしい「チーム目標管理制度」を円滑に運営していくために、以下の要領をベースに進めていくことをお勧めする。

① **理想的な目標管理制度の構築に固執せず、できる範囲で、できるところから、身がまえずに導入してみる。**その継続の結果、必要なシステム導入について、現場から要望が上がり、取り組みやすくなる。

② 業績に直結する目標設定・行動目標を部署ごとに設定し、それをチェックし、

賞与に反映させる仕組みにする。
③**個人目標にのみ言及せず、チーム目標・部門目標により、部門全体での公平な評価**にするよう指導する。
④経営管理者・事務局は、押し付けるのではなく、コーチング技術を習得し、「質問とヒント」を繰り返しながら、自主的に目標に向かわせるようにする。
⑤自主的に設定された目標には、**行動の段階的な期限、チェック方法、達成基準（どこまでできたら高い評価か）をあらかじめ決める。**
⑥目標設定の大きなカテゴリーは「**患者・利用者満足度向上**」「**品質・職能レベル向上**」「**業務改善による効率化・コストダウン**」の３点である。
⑦現場の「気づき」を育成する小さな業務カイゼン運動と、それを認める管理者の雰囲気・声掛け・会話術・「見える化」を実施しながら継続を図る。
⑧**目標結果の評価は、当然、管理者に対して行われる。**一般職員には、むしろ**プロセスを共有化し、教育目的に活用**することを求める。
⑨できない個人を責めるのではなく、できる人が協力しながらチーム目標を達成できるようにする。できない個人は通常の人事考課で評価すればよい。
⑩**現状よりも１ランクの上の努力をすれば達成可能な範囲の目標を設定する。**あまりに人員や現状を考慮しない机上の目標設定は、途中挫折の原因に。

5 【チーム目標管理制度】指導手順

コンサルタントや会計事務所等のコーディネーターは、「チーム目標管理制度」を提案にするにあたって、以下の手順で指導を進めていく。

(1) 導入前

①法人目標がある程度不明瞭でも、評価制度や賃金制度が完備されていなくても、部門の目標の設定と、【やる気になるチーム目標管理制度】導入を、経営者に意思決定してもらう。（【IX-1　某老健施設でのチーム目標管理ドキュメント】を見せて、その有用性を説明）
②目標に対する結果の評価を反映する方法を、先に経営陣で確定する。
③すでに賃金システムがある法人は追加的措置として、賃金システムがない法人は新たにその部分だけでも反映するルールを確定する。
④【やる気になるチーム目標管理】のための仕組み・進め方と、他法人の事例勉強会を複数回開催する。（【IX-2　介護事業所行動計画・目標管理シート実例】を見せながら納得してもらうようにする）

⑤【業務カイゼンによる目標達成事例】の勉強会を実施する。(**X　部門別改善活動コンサルティングの章**参照)

(2) 実施段階

①目標設定にあたって、経営陣（理事長、施設長他）から、各部への要望を聴取する。
②経営陣の要望に沿って、各部の管理者と個別に現状レベルより少し高いチャレンジ目標（最初から**理想論を言わずにつま先立ちの目標**）の検討に入る。
③検討段階で、各管理者は各職場のスタッフと事前に協議を図り、了承と理解をもらう。
④また、うまく説得できない場合は、代替案を検討させる。
⑤第１次案が出された後、「**その達成度が検証可能か**」「**計測可能か**」「**具体策が実現可能な行動か**」「**期限が段階別か**」をチェックし、再度、個別調整で検討する。（この段階で、経営陣の意向も聴取）
⑥個別チェックと修正後に、【半期の○○部　目標設定シート】を事務局へ提出する。
⑦管理者は、部門の目標設定シートに書かれた内容を遂行するために、また、**各職員の行動目標や、やるべきことを明確にするために、個別面接やミーティングを行う。**
⑧幹部会等の管理者が集合する会議で、目標項目を発表する。

(3) 評価段階

①半期終了時点で、各目標に対する達成度を自己申告させる。
②さらに経営陣による目標結果に対する「評価調整会議」を実施する。
③目標達成率は、賞与の評価に反映させる。（賃金システムがある法人は、そのまま掛け率に反映したり、管理者の個人評価に反映させる。一般職員には配慮する）
④次半期の目標設定に入る。

My Way of Consulting ⑨

Column　介護事業所における重要なビジョンづくり

　ビジョンとは「将来的展望」という意味である。将来にどういう希望を持つかということでもある。組織にもこのビジョンが絶対必要であり、それは、従業員が一生懸命に働く最大の動機づけにつながるからだ。

　人は、今が苦しくても、先々に夢や希望があれば耐えることができるが、仮に今がよくても、未来に希望がなければモチベーションは落ちてしまう。

　ビジョンの必要性は理解していても、昨今の経営環境の変化からか、具体的なビジョンを出しにくい組織も多いようだ。介護事業所という組織では、度重なる介護報酬の削減で、将来もさらなる削減が予想されている。

　どんなに使命感をもって介護の仕事をしても、報酬が減り続ければ、それがそのまま給与にも反映されるかもしれない。

　また職員を増やすこともできず、同じメンバーで平均年齢だけ上昇していくと、やはり、モチベーションの維持は難しくなる。

　しかし、そういう組織ではビジョンはないのかといえば、そんなことはない。経営者や事務の責任者が知恵を絞り、戦略的に事業運営を検討すれば、何らかのビジョンは出てくる。ビジョンが出ないのは、今の状況だけで未来を考えるからである。

　当社がお手伝いさせていただいている介護施設では、「ビジョン」の中核に、「地域の施設から羨望される5つのNo.1を実現する施設経営」という命題をあげている。

　1つ目は「接遇No.1」、2つ目は「カイゼン成果No.1」、3つ目が「第三者評価No.1」、4つ目が「権限委譲No.1」、5つ目が「教育機会No.1」である。

　ビジョンとは、小規模多機能型への展開、ケアつき住宅の展開などといった、投資型のビジョンだけをいうのではない。そのビジョンが、職員にとってどれだけ魅力的かが大事なのである。

　元来、ビジョンというものは、将来が見えなくても、「将来はこれを絶対やるんだ」という決意から生まれるものだ。見えること・想像できることだけでビジョンを考えるなら、正直、何も難しいことはない。

　経営者に「なんとしてでも、これをやり遂げたい」という熱望するビジョンがあるから、その迫力と熱意に職員は心を動かされ、このトップについていこうと思うのだ。現在の労働流動化時代にあっては、トップにビジョンがなければ、有能な職員から早々と辞めていくことになるだろう。

　もし、読者の介護事業所で、ビジョンを示さない経営者や施設長がいたら、おそれずに「理事長、ビジョンを作りましょう」と提案してみよう。きっと経営者も、どの方向性に進むべきか迷っているはずだ。その経営者の迷いを払拭するのが、実は、職員の元気な後押しなのである。

■ IX-1　某老健施設でのチーム目標管理ドキュメント

1　《チーム目標管理制度》を導入することにより、こんな成果が期待できる

1)	人事考課で差が出ない評価に差がつけられる客観的な根拠ができる。
2)	チーム目標管理制度導入により、患者・利用者の評価（アンケート結果や直接の評判）が高くなる。
3)	数値目標にあげた項目の「コスト」が5％前後改善する。
4)	管理者から、職員への動機づけや面談が進めやすくなり、離職率の低減に直結する。

2　各職場ごとに「具体的目標設定」を行い、品質向上・効率化・チームワークを自主的に上げていくことがポイントである

1)	すべての目標は数値の結果に反映される。バランススコアカードのような難しい数値目標や、成果や責任が曖昧な目標ではなく、現場の業務改善に直結して、貢献度が見える目標数値を決める。
2)	チームごと・部門ごとに業績に直結する目標設定・数値でわかる行動を部署ごとに設定し、それをチェックし、部門管理者の賞与にも反映させることができる仕組みである（チーム改善の意識を上げる）
3)	「押し付けではなく、自主的に設定された具体的チーム目標」には、行動の段階的な期限・チェック方法・数値でわかる達成基準（どこまでできたら高い評価か）を、あらかじめ決める。
4)	目標設定は「患者利用者満足度向上」・「品質・職能向上、事故削減」・「業務改善による質的アップ」の3点から、それぞれの部門の固有状況に応じて、目標を設定する。
5)	現状よりも1ランクの上の努力をすれば達成可能な範囲の目標を設定する。人員や現状を考慮しない、あまりに理想を追った目標設定は、途中挫折の原因になる。
6)	目標結果の評価は管理者に対して行われる。一般職員には、むしろプロセスを共有化し、教育目的に活用することを求め、直接的な評価に反映しない。また、できない個人を責めるのではなく、できる人が協力しながらチーム目標を達成できるようにする。ただし、協力しない個人に対して通常の人事考課でマイナス評価をすることはありうる。

3　チーム目標管理の導入で成果が出た、某老健施設のドキュメント

期間	実施内容	職員の反応と成果
1か月目	コンサルタントによる目標管理の導入勉強会の実施①【目的と意義】	目標管理という言葉に対する誤解と嫌悪感が一部の職員にあった。
1か月目	コンサルタントによる目標管理の導入勉強会の実施②【他施設の事例】	他施設事例を聞くと、「極端に難しくない」という印象をもった職員が多かった。
2～3か月目	7部署別にコンサルタントとのプレ目標管理設定面談【各部署のNo.1・No.2と個別ヒアリングを行い、「利用者満足度向上」・「技能、品質改善」・「業務カイゼンとコストダウン」について、目標項目の確認、達成すべき基準、そのための行動計画を、PCで入力し、スクリーンで確認しながら、実施】	ここでは本格導入前のプレ目標管理で、「3か月程度で成果が確認できる目標」を選択し、管理職も「何とかこのくらいならできそう」という言葉を持つものが多かった。
2～3か月目	作成された目標管理シートの中身は、各部署に帰ってから、ミーティング等で職員に説明させた（各管理職）	プレ目標であっても、「改めて目標として設定したので協力してください」と伝えられたことで、翌日から、職員が実行するようになった項目もあり、即成果が出てきた。
3か月目	目標管理設定項目の管理職会議の実施【各部署がどんな目標を設定したか、スクリーンで見ながら、コンサルタントが説明した】	他部署の目標項目を見た各管理職は、他部門の状況を改めて知る機会になった。
3～4か月目	7部署ごとにプレ目標管理項目の結果確認の個別面談（コンサルタント）【進捗状況と達成度、各職員の反応等を自己申告】	テーマ的に難しい項目や他力本願にならざるを得ない項目では、結果は出にくかったが、自己完結型のテーマでは、多くの部署が成果を確認できた。
4～5か月目	7部署ごとの下半期目標項目の設定面談（コンサルタント）【本格的な6か月目標を設定し、まずは自己完結型でできる目標と達成基準、そのための行動計画を作成】	プレ目標管理である程度理解していたので、さらに現実的かつ具体的なテーマ設定ができた。
4～5か月目	他部署と連携が必要な目標設定をあげたチーム同士の責任者との個別目標面談（コンサルタント）【成果を出すために、自分だけでなく、2部門で行動が必要なチームとの調整面談を実施】	互いの目標項目が追加されることで、認識が深まり、今まで協力できなかった項目を協力するような話し合いができた。
7～8か月目	下半期目標管理の中間状況確認の個別面談の実施（コンサルタント）【3か月終了時点で目標項目の進捗度とその後の行動計画の修正と対策を話し合い】	進んでいる項目と途中で止まっている項目があり、止まっている項目が進捗するにはどうすべきか「他部門との連携や協力」を具体的に依頼した。
9～10か月目	施設長、事務長をまじえた「7部署別の目標結果」の自己申告会（コンサルタントが進行）の実施【賞与前に目標に対する結果説明】	施設長や事務長に、部署ごとの目標とその取り組み成果が理解でき、また次の課題を提示することができた。
11か月目	今回の目標結果に対する評価は、全員の取り組みが顕著で、成果も大きく確認できた「通所リハ部門」で、夏期賞与時に、そのチーム評価として2％の評価をつけた。	このことは全体会議でも事務長から説明され、皆も納得の結果だったので、他部門も次回に頑張るよう意識づけができたようだ。

IX-1　某老健施設でのチーム目標管理ドキュメント

IX-2　介護事業所　行動計画・目標管理シート（実例）

チームリーダー名		基本的に管理者がリーダー名		部門名		入所・通所・グループホーム・居宅他	
チームメイト名		部門メンバー		担当者氏名			印
				承認管理者名			

部門方針	【年度方針に基づいた表現】で年度方針がなければ[これを機会に作成する]
チーム共通目標項目	目標設定のキーワードを記入す。 時間効率アップがミス低減等の目標設定に出した表現にする。

	部門名	△△部××主任	共通目標	△△部の××主任と、◇◇の●●%削減を行う。	※シートを作成した管理者 ※シートを確認する経営陣
他部門連携目標項目	部門名		共通目標		
	部門名		共通目標		

		何（What）を誰（Who）にどう（How）変えるか	達成度評価の基準（ここまでできたらA評価）	期限及び目標値（上:中間、下:最終）	スケジュール（実施内容と大まかなスケジュール）		TL自己評価（期間終了月）	承認管理者最終評価（期限終了月）
					最初3か月間（4月～6月）	後3か月間（7月～9月）		
チーム共通目標具体策 患者・利用者満足度向上具体策	1	（入所）ケアプランに沿った記録ができる（日勤の居宅担当および夜勤者が1週間のケアプランのすべての項目の記録を行う）	まず、内容と師長、主任、CMが3人ABC（ユニット）の記録編成が少ない状態（記録等80%目標）を確認する。（現在のあるべき変革を書けている率がおおむね50%）	H18年3月末	(1月)スタッフへの意識付け（配布ずみの資料の見直し、口頭確認 (2月)師長、主任、CMで確認し、結果を職員へ提示	(4月)師長がグラフ化したものを、ステーション会議で結果について話し合う		
	2	（老健SW）病院、事業所新訪問の増加と施設のPR（現在、田中＝5～6件/月）	訪問件数目標　田中=10件以上/月（既存7割+新規3割）、山田=10件以上/月（既存の施設病院への継続訪問面談をしている）	H18年6月末				
	3	個別リハビリの徹底、生活リハ午前中にできるように時間をとる（作業時間を有効に活用したり、その他現有人員でできる範囲の業務力イゼンを実施）	生活リハの業務時間をとるために時間カイゼンを具体化し、毎月1回カイゼンを実施、少しずつ時間をとる。半期末までにリハから指示が出た案件は100%実施（15名が週2回実施）	H18年2月末				
	4	（入所ケアマネ）特定の利用者の個別リハビリ実施率の向上を目指す	現状、①在宅復帰希望が近い利用者、②リハビリ希望の利用者、③大きな悪影がみられる利用者、が施設の都合や職員の関係なく個別リハビリを行キーンと100%実施させる（対象者=5Fが5名、4Fが3名）	H18年3月～				
	5	（入所ケアマネ）ケアプランを書ける職員を増やす（わかりやすく利用者レベルのケアプランの作成）	①入退所を繰り返す利用者②介護1、2の退所の対象者が多いため、ケアマネ3人方すると時間がかかわないレベルの混乱がケアプランができる職員（現在=1名、目標5名）を増やす	6月末...5名のアセスメントには任せられるレベル 9月末...①と②のケアプランの書き分きができるレベルにする				
	6	ユニットごとに積極的に新たなレクリエーションに取り組む	ユニットごとに今年度の手工芸レクを決定し、新しいレクリエーションプログラムを実現する（新プログラム（手工芸）を最低でも6月から100%実施、6月前に実施できればおおむね100%実施と主任判断	6月から実施 9月に評価				

		何(What)を誰(Who)とどう(How)変えるか	達成度評価の基準（ここまでできたらA評価）	期限および目標値（上：中間、下：最終）	スケジュール（実施内容と大まかなスケジュール）		TL自己評価（期間終了月）	承認管理者最終評価（期間終了月）
					最初3か月間（4月～6月）	後3か月間（7月～9月）		
チーム共通目標具体策	技術知識・能力向上具体策	1	(入所)転倒基準にそって現在20～30件あるのを減らせる	転倒扱いの基準にそって現在1日20～30件あるのを、15～20件未満にする（不可抗力は仕方ないにしても、職員のミスと意識して改善できる10件位を減少させる）	H18年3月末H18年6月末	毎日申し送りにそって現在の転倒件数を公表し、各自の意識を促す。入所から1週間は仕方ないにしても、職員の記録と申し送りを詳細に行う			
		2	(入所看護)高齢者の特徴を個別に把握し、褥瘡剥離の再発の減少	先月データから褥瘡の原因がわかる。褥瘡剥離の再発者の事例から50%削減…師長判断	H18年1月末H18年5月末	ヒヤリハットの事例検討会の実施と対応策の統一の決定（1月中）			
		3	(入所)誤嚥ゼロの実現	現在誤嚥が毎月2件程度。職員の努力で防げる食事時の誤嚥をゼロに…誤嚥防止責任者を副主任にする	6月末…毎月1件以下9月末…7月以降はゼロ実現	①患者様の症状・傾向向かって担当スタッフから一覧表を掲示し、担当スタッフチェックと副主任が毎日1度は確認②情報をもとに個別にケアプラン作成。プランにそって食事介助をとる			
		4	(訪問介護)特定の利用者から同じスタッフが同じようなクレームを受けることを激減させる	同じ利用者から同じ担当者へ調理、清掃、買い物によるクレームの再発を激減。1～3月に比ベ10～12月の不満件数を同件（日誌から10～12月の不満件数より1～3月が不満の激減数が激減する）(◯◯主任巡回時、また電話で判断できる)	7月	9月末…◯◯主任の判断で評価減らしたかどうか評価する			
		5	(通所)個別性のあるケアプランの立案と評価・ケアプランに基づいた記録ができるようになる	師長・主任が確認し、ケアプランの記録の内容が具体的であると評価できている状態（4月によって基準にそって詳細と判断されたもの比較対象）師長・主任判断	6月末段階で立案の評価を行う最終評価（立案・記録）9月末	4月…ケアプラン（居宅プラン）の見方・ケアプランの立案と評価を作成し、それに基づき方のマニュアル化や意見の書き方勉強会の実施5月…6月のカンファレンスで予定のケアプランの立案・勉強会6月…毎回のカンファレンスで意見交換、評価記録の勉強会			
	品質・作業効率を落とさずコスト・ムダ削減、省エネ対策	1	(入所)節電を具体的にルール化し、助力費の削減を図る	エアコン節電、ガス節約、水道代節約により、月平均△40万円単位10%の削減	H18年3月末H18年6月末	(1月)スタッフへの意識付け（具体的な節電対策をルール化する）(2月)実ら～の反映の仕方を説明(3月)対策の決定院所別投切期決定			
		2	(グループホーム)食材コストを5%削減（10月・11月のデータと比較して3月までに5%削減、ケアプランとホームの主観で味を上げる）	11月データよりも残飯の量が少なくなる。10者とアリンングとホームの主観で味がよくなった5%の食費ダウン	H18年1月末H18年3月末	データの分析（10月11月食材購入額とデータ取り）			
		3	(グループホーム)職員が買い物をした物が、冷蔵庫内で賞味期限切れになったり、残ってしまうムダがなくなるよう削減する	必要な物を必要なだけ購入することで賞味期限切れの廃棄ロスを50%ダウンする（1、2月にデータを集計して4月に半減）	H18年2月末H18年4月末	(1、2月)毎日の廃棄ロスをしている食品の種類と量と金額を集計する			
		4	(老健)節電を具体的にルール化し、電力費の削減を図る	師長・リーダーが各部屋回りをする際に消灯しなくてもよいにことを事前に気にしてない）…職員の消灯に対する、無意識な点灯はしてない）…師長主任がほとんどあかりついてこないと判断できるレベル	6月末…不在部屋の100%消灯9月末…師長リーダーがリーダーってもほとんど必要な電気がついていない	消灯の基準を作成、消灯のための必要なルール化、不在部屋の消灯は自ら口頭で注意するだけでなく、一部屋と担当し、公表、不在部屋で意識づけの教育を継続する			
				チーム最終目標評価				

※最終評価基準

		部門評価率
S評価	目標を大きく超えた成果で、大変な努力と高い貢献である	105～110%
A評価	目標を超えた成果で、かなりの努力と貢献が評価できる	100%～105%
B評価	目標どおりの成果で、努力と貢献はある程度評価できる	100%
C評価	目標以下の成果であり、努力貢献がいまひとつである	95～95%
D評価	目標に大きく及ばず、努力不足である	90～95%

本人コメント

上司コメント

IX-2 介護事業所　行動計画・目標管理シート（実例）　143

My Way of Consulting ⑩

Column　小さな改善の積み重ねが職場を生き生きさせる─改善活動のススメ

　本書で紹介している「改善活動」の目的は、小さな改善の積み重ねによって、「作業の手間や負担の軽減」「安全な作業や動線の確保」「作業時間の短縮」「コスト削減」などを実現していこうというものだ。この活動のポイントは「現状の人員で、現状の設備で、経費をかけずに、知恵とアイデアで改善する」ことだ。

　これまでの指導のなかで、毎日の小さな気づきが、いかに大きな成果につながるか、を実感することがたびたびあった。ただ残念なことに、消耗品などの「見えるコスト」は意識できても、非効率な作業によってもたらされる「時間の無駄」などの見えにくいコストにはなかなか気づきが回らないものだ。しかし、「時間のコスト削減」を徹底的に意識してもらうことで、介護品質やチームワークはもとより「見えるコスト」までもが改善されていく。ただ、職員のコスト意識を浸透させて活動を継続させるためには"仕組み"づくりが必要になる。

　TQC運動・提案制度なども品質の向上をめざした活動だが、これらの活動には長続きしにくい欠点がいくつかある。
- 手続きが煩雑で、資料作りに時間をとられる。
- 提案を行っても経営者サイドの承認がなければ実施できない。
- 積極的に活動をしても何の評価もフィードバックもない。
- 指名（任命）された委員には各職員へ波及させる権限が与えられていないので、「言うだけ」で終わってしまう。
- 提案を行おうとすると、上層部から否定的な意見が出て、ヤル気をそがれる。
- 活動当初は盛り上がるが、徐々に幹部のチェックが疎かになり、自然消滅する。

　このような反省から生まれた「改善活動」は、「簡単で、継続しやすく、負担にならず、効果が見えやすい」運動である。そのポイントは、以下のとおりだ。

①できる範囲内（現在の人員・設備・体制・予算）での「小さく変えられること」に活動を絞り、大きなことは期待しない。
②「金かけず」「時間かけず」なので、事前の提案や稟議の必要もなく、活動した結果のみの報告でよい。
③改善成果や情報は、全職員に共有され、オリジナル提案者のモチベーションアップにつながる。
④活動を継続していくためには「改善推進委員」の役割が大きく、最初に委員への指導を行う。なお、委員は毎年変え、いろいろな人に委員を経験してもらう。
⑤活動を継続させるために、全職員への導入期・複数回の勉強会実施と「他施設での改善事例」をあわせて紹介する。
⑧定期的（1年後）に「改善事例集」を編集し、他施設への紹介や発表などを通じて自信につなげることでモチベーションをアップできる。
⑨定期的（半期に1回）に内部発表会を開催し、投票でベスト5を決定、表彰する。
⑩改善事例は事業所共通のファイルに保存し、誰もがいつでも「ネタ探し」ができるようにしておく。

　導入にあたっては、少なくとも1年間は活動を継続させることがポイントになる。そうすれば、次のような"よい環境"が生まれてくるはずだ。

○改善活動を通じて職員間のコミュニケーションや「ホウレンソウ」の頻度が増え、意思の疎通が良好になって職場の雰囲気が明るくなる。
○小さい改善成果の積み重ねによって、ムダや非効率を職員自らが発見・改善できるようになる。
○当初は一部の職員しか参加していなくても、簡単で負担にならず、改善によって自分たちも楽になることがわかれば、自然と他の職員も参加するようになる。

Category X

改善活動指導
コンサルティングの進め方

1 第1ステップ（改善活動の動機づけ）

品質向上とコスト削減に貢献する「改善活動」は、その必要性を理解する「動機づけ」が重要である。本来の目的が理解されれば、活動が定着化される確率が上がる。

(1) 経営トップに「改善活動」の必要性と効果を説得する

> ①改善の目的（品質向上、コストダウン、職員の負担軽減）を文書で説明
> ・X-1【改善活動】導入ドキュメント（病院老健事例）からメリットを説明。
> ・改善の目的は「マニュアルや Off-JT だけでは安定しない現場品質の向上」
> 　「小さな気づきが大きなムダを発見し、コスト削減につながる」
> 　「人員増をせずに現場の負担を軽減するのは現場の気づきと知恵」
> 　であることを説明する。
> ②他施設の改善事例を紹介
> ・本章の「改善報告書」の事例にある「コスト削減事例」「職員負担軽減事例」を参考に、これを見せながら説明する。
> ③他施設の「改善活動」のドキュメント〈X-1【改善活動】導入ドキュメント（病院老健事例）〉を紹介。（事務部や管理職を中心に自法人で行う場合は、指導がコンサルタントになっている箇所を自分たちで行うことを説明する）

(2) 幹部及び職員に「改善活動」のメリットや事例を説明・プレゼンする

> ① X-1【改善活動】導入ドキュメント（病院老健事例）を説明する。
> 　（事例説明を含めて40分以内）
> ②部署別に複数回、職員向けの説明会を実施（プロジェクターで下記の改善事例を説明）
> 　◆ X-2　電話料金節減の意識（事務）
> 　◆ X-3　入浴後の処置忘れのカイゼンでヒヤリ防止（通所）
> 　◆ X-4　燃料費の大幅削減（入所）
> 　◆ X-5　歩行器の準備の短縮（通所）
> 　◆ X-6　連絡帳の改善で情報量アップと時間短縮（通所）
> ・一度に全員を集めることが不可能な場合、3回くらいに分けて、職員へ説明・紹介する
> ・事例を見れば、「改善活動」の主旨や内容がわかってくる。
> ・ただし、Excel で文書化したり写真を添付することが苦手な職員がいるので、「アイデア出しの人」「デジカメ（携帯電話）で写真を撮る人」「Excel

にまとめる人」の役割分担を説明する。
- (**X-7　改善報告書フォームと記入ポイント**を見せながら説明)
- ③勉強会後の感想を聞く（感想アンケートを提出させる）
  - 事前に簡単な感想文用紙を配布し、「改善活動」への取り組みや、結果として自分たちが楽になったことの感想を集める。
  - 前向きな意見が出るような質問項目を用意するとよい。

(3) 経営陣に「改善活動」の了解をもらう

- ①改善活動年間計画書の提出
  - 「改善活動」の年間スケジュールを立てる。

2　第2ステップ（改善活動の準備と人選）

　動機づけの次に、「改善活動」を委員会活動として進めるため、委員の選抜から活動の動機づけ、スケジュール化を下記の要領で進めていく。

(1) 各部署から「改善推進委員」を選抜させる

- ①改善推進委員の選定基準
  - 各部署から1～2名のメンバーを選出する。
  - 当初は風土をつくる意味でも、マネジメントを育成する意味でも、各部署のナンバー2くらいが妥当。
  - 任期は1年で、毎月の集合検討会は1回60分程度と負担はあまりない。
- ②経営陣へ辞令交付を依頼する（推進委員のモチベーション・アップ）
  - 各部署から推進委員が決まったら、経営者層による職員全体会議や朝礼等で、正式な辞令を各委員に手渡しする。ここで、初めて公式な役割を皆に周知する。

(2)「改善推進委員」の業務と今後のスケジュールを説明する

- ①改善推進委員の業務一覧表の説明
  - （次ページ）

改善推進委員の業務

- 毎月の改善テーマや方向性を通達
- 改善検討会議で学習したことの通達と再学習
  （各部で、会議・ミーティングで「改善」を検討）
- 実施前の写真と実施後の写真撮影、「改善報告書」の作成
- 「改善事項」が継続的に実行できているかのチェック
  【部門長と一緒に】

②年間計画の説明（事例）

	担当	実施事項	期限 いつまでに
改善導入期	事務局＆外部スタッフ	各部門長へ「業務改善活動」の勉強会の実施（改善活動の進め方と実例紹介）	3月5日まで
	事務局＆外部スタッフ	職員へ3回に分けて「業務改善活動」の勉強会の実施（改善活動の進め方と実例紹介）	3月末日まで
	各部門長	「改善推進者」を決定し、本人に説明をしておく	4月15日まで
	各部門長	ミーティングか何かで、全員に「改善」の取り組みを説明する…特にリーダークラスにはよく理解させる	4月20日まで
		「改善推進者」の紹介と「改善推進者」への協力事項を依頼する	
	改善提案者	「改善報告書」を配布…説明と同時に	
	改善推進者	改善標語、ポスター、着想のキーワード等の掲示	4月末日まで
1月目の改善報告	改善提案者	改善案のアイデア出しと、「改善前写真」の撮影、改善案に基づいて実施し「改善後の写真」の撮影	5月20日まで
	改善推進者	「改善報告書」の作成と提出…部門長の承認とコメントをもらったうえでデータを事務局へ提出し、「改善状況報告会議」で報告する。	5月末日まで
2月目の改善報告	改善提案者	改善案のアイデア出しと、「改善前写真」の撮影、改善案に基づいて実施し「改善後の写真」の撮影	6月20日まで
	改善推進者	「改善報告書」の作成と提出…部門長の承認とコメントをもらったうえでデータを事務局へ提出し、「改善状況報告会議」で報告する。	6月末日まで
3月目の改善報告	改善提案者	改善案のアイデア出しと、「改善前写真」の撮影、改善案に基づいて実施し「改善後の写真」の撮影	7月20日まで
	改善推進者	「改善報告書」の作成と提出‥部門長の承認とコメントをもらったうえでデータを事務局へ提出し、「改善状況報告会議」で報告する。	7月末日まで

以降、毎月繰り返し、7月目（6か月を過ぎた時点）でベスト評価に入る。

7月目の改善評価	改善推進者	この6か月間の改善報告書のなかから、それぞれ「優秀な改善ベスト5」を選出し経営陣へ提出	11月末日まで
	経営陣	各部署から上がった「ベスト改善報告書」から、第1回優秀改善賞（他にコストダウン貢献賞、品質向上賞、負担軽減賞等）を選定し、表彰と報奨金を全体会議で授与する。	11月末日まで

また、さらに半年後も改善評価を行う。半年での頻度が負担の場合は、1年単位でも可。

(3) 改善報告書のフォームの書き方を説明する

> ① Excelフォームの書き方を説明
> **（X-7　改善報告書フォームと記入ポイント）**
> ② 写真データの添付方法説明（Windowsの場合）
> - デジカメや携帯電話で撮影したデータをSDカードやUSBメモリーに保存。
> - それをPCに保存し、「改善報告書」のExcelデータを開いた後、PC画面の上部のツールバーの「挿入」を開いて、「図」を開く。
> - 「図」から、一度保存した「画像ファイル」をクリックし、「開く」をクリックするとExcelに移るので、あとは大きさを調整して貼りつけする。

3　第3ステップ（改善活動の実践）

改善活動を行った結果、毎月1回「改善報告書」の提出を行う実務作業である。

(1) 毎月1回の「改善報告書」提出

改善推進委員による、改善報告書のとりまとめから提出までの流れ

改善のテーマ設定や方向性（検討会で学習した事例を基に）を提案
↓
アイデア出しの意見を収集（部門会議やミーティング等で）
↓
アイデアが出たら、現状の写真撮影と、アイデア出しの人と一緒に改善を実行
↓
改善を実行したものを写真撮影する
↓
「改善報告書」に入力と写真貼付
↓
改善検討会前にデータを作成し、提出

(2) 毎月1回の「改善推進委員」を集めた「改善報告会」と「改善勉強会」実施

①「改善報告書」のデータ提出と管理の仕方
- 「改善報告書」のデータは各委員が各部門でUSBメモリー等に保存し、提出後はサーバーに保存（法人の情報管理規定に合わせる）
- 各部署から出された改善は、全法人の部門が見られる状態にする（イントラネット、または改善報告書を全部署に冊子にして配布）

②定例改善報告会（会議）での発表と質疑応答の仕方
- 改善報告会は指導員（コンサルタントや会計事務所職員等の外部スタッフ）や事務部の事務局が司会をして、議事を進行する。
- 毎月の「定例改善報告会」は、改善委員のみが参加し、今月の改善報告書をプロジェクターに映しながら説明する（そのときのパソコンは事務局のものを使用）
- 説明はフォームに沿って、次の順番で発表してもらう。
  □提案名、提案者、実行者氏名
  □改善前のコメントと写真の説明
  □改善後のコメントと写真の説明
  □改善後の効果
  □今後のテーマ
- 1つの説明が終わったら、事務局または指導員（外部スタッフ）が他の参加者に「この改善について何か質問やアドバイスはないか」と質問する。
- 次に、1つ1つの改善報告書の発表後、「この改善を自部門で活かすとしたら、どんなことが考えられるか」全員に聞く。（返答がなければ、それ以上の時間は使わない）

③改善勉強会の実施（改善標語の説明と、テーマ別推進の仕方）
- 改善報告会のほかに、改善勉強会を実施して、改善推進委員の参考になるような学習時間も入れるようにする。

4　第4ステップ（改善活動の評価）

　改善活動も回数を重ねていくうちにマンネリ化する可能性がある。そこに「評価」「表彰」を定期的に設けることで、活動自体を活性化し、継続力を高めることにつなげていく。下記にいくつかの事例を紹介する。

(1) 半期に1回、優秀改善のセレクトと経営陣からの評価

> ①部門別に自信のある改善報告書をピックアップする基準
> - どれだけ手間をかけずに、時間削減とコスト削減の効果をもたらすことができたか
> - ヒヤリハット対策から医療・介護品質の向上に役立ったかどうか
> - 多少のコストはかかったが、それ以上に大きなコストダウンになったかどうか
> - 時間的にも精神的にも、職員負担の軽減ができたかどうか
> - 発想を転換し、「止めて・減らして」結果が出たかどうか
>
> ②経営陣が評価する「チェックリスト」
> - その改善はチームとして継続的に取り組んでいるか？
> - その改善は大きなコスト削減効果があったか？
> - その改善の結果、職員負担軽減が顕著だったか？
>
> ③評価と平均値のつけ方
> - 各部門から、「自部門が選ぶベスト5」を提出させる。
> - それを、経営陣、幹部層が、3点、2点、1点で判定する。
> - その際、評価のバランスを保つために、「3点をつけるのは総改善数の15％」「2点は30％」「1点は55％」と相対比率で判定する。
> - その平均点から、最終ベスト5を決定する。
> - 下記（次ページ）は実際の判定一覧表の事例

(2) 半期に1回の改善発表会の実施

> ①職員による「改善発表会」の目的
> - 上記のように、経営陣の評価による表彰以外に、職員参加型による「公開評価」を行うケースがある。
> - 公開評価は、各職員のそれぞれの価値観に任せる。
> - ただし、事前に評価ポイントを説明し、評価しやすいようにメモを配布しておく。

平成○年度　上半期　改善ベスト5の判定（事例）

※各部門のベスト5のデータを全部見ていただき、下記要領に沿って配点してください。
※下の配点の基準です。各自が感じるままに点数を入れてください。
※「個数」とは、全25（5部門×5つ）のカイゼンのうち、「3点」は「4個」、「2点」は「8個」、後は1点で配点してください。

配点の基準	点数	個数	相対比率
大変優秀なカイゼンで、かなり貢献できる成果がでていると思う	3	4	16%
優秀なカイゼンで、大きな成果がでていると思う	2	8	32%
努力が認められるカイゼンで、そこそこの成果がでていると思う	1	13	52%

11月10日までに事務長へ提出してください。

		各部門が選んだベスト5	理事長	施設長	介護部長	在宅部長	事務長	平均	最終順位
居宅	第1位	印刷機整理	1	2	2	3	3	2.2	5位
	第2位	請求書書類	3	3	1	2	1	2.0	
	第3位	外出等確認	1	1	2	2	1	1.4	
	第3位	無駄の省き	1	1	1	1	3	1.4	
	第5位	定置化	2	1	1	1	1	1.2	

		各部門が選んだベスト5	理事長	施設長	介護部長	在宅部長	事務長	平均	
入所A	第1位	オムツコスト削減	3	3	2	3	2	2.6	2位
	第2位	防水シーツ	2	2	1	2	2	1.8	
	第2位	ペーパータオル設置	1	2	3	2	1	1.8	
	第4位	消毒液	1	1	1	2	3	1.6	
	第5位	嘔吐物処理物品	2	1	1	1	2	1.4	

		各部門が選んだベスト5	理事長	施設長	介護部長	在宅部長	事務長	平均	
GH	第1位	食堂トイレ掃除	2	2	2	3	3	2.4	4位
	第2位	入浴服整理整頓	1	2	1	2	1	1.6	
	第3位	手すり消毒	1	1	1	1	2	1.4	
	第3位	尿器置き場	1	1	3	1	1	1.4	
	第5位	S字フック	1	2	1	1	1	1.2	

		各部門が選んだベスト5	理事長	施設長	介護部長	在宅部長	事務長	平均	
デイ	第1位	物品購入	3	3	3	3	2	2.8	1位
	第2位	排泄チェック	2	1	1	1	2	1.4	
	第2位	入浴剤計量	1	2	1	1	1	1.2	
	第4位								
	第5位								

		各部門が選んだベスト5	理事長	施設長	介護部長	在宅部長	事務長	平均	
事務	第1位	預り金払出	3	3	3	2	2	2.6	2位
	第2位	負担金入金	2	2	2	1	2	1.8	
	第3位	ショート携帯電話	2	1	2	2	1	1.6	
	第4位	社会保険料届出書類	1	1	2	1	1	1.2	
	第5位	ガソリン納品整理	1	1	1	1	1	1.0	

②職員を集めた「改善発表会」開催の段取り
- 改善発表会は、各部門から自信のある改善事例2～3点を、プロジェクターに投影しながら、各部門の改善推進委員が発表する。
- 発表時間は1改善5～10分前後で、「改善結果」がいかによかったかをPRさせる場にする。

③「改善発表会」はお祭り気分で運営する
- 各部門の発表は各部門の個性に任せ、発表方法や個性的なPRを行い、「プレゼン大会」の様相で行うと、定例化しやすい。

(3) 優秀改善発表チームへの表彰の仕方

①表彰は楽しく、希望が持てるものにする
- 表彰の種類は、各法人で面白おかしく、豊富なバリエーションを準備する

とよい。
- 特に、改善効果だけでなく、プレゼンのインパクトや、チームワーク、エコ等、改善効果は大きくないが、狙える表彰を用意することで、チームのお祭り気分を演出できる。

②表彰と報酬との関係
- 報奨金は基本的にチームに配分させる。
- チームとして、そこそこに使える金額だと、1人当たり1,000円以上が妥当。
- 多人数部門が優勝する場合もあるので、上限5万円程度が妥当。

③表彰の進め方の事例

平成○○年度の表彰バリエーション

理事長賞	理事長が、各賞のなかから、特に優秀な改善と判断した部門（年度方針との整合性と投票結果を参考にして）に対して表彰と賞金	5万円
特別賞	品質を落とさずに大きなコスト削減ができた	2万円
	効率化を行い、時間削減が進んだ	
患者・利用者が満足したで賞	患者・利用者が喜び、感謝される提案であった	1万円
	患者・利用者の事故防止と安心・安全につながった	
仲間が楽になったで賞	改善の知恵で、時間的にも精神的にも皆の負担が減った	1万円
	職場内の4S（整理・整頓・清潔・清掃）が進み、環境改善になった	
地球に優しかったで賞	環境配慮に具体的に貢献できた	1万円
	省エネに具体的に貢献できた	
プレゼンがうまかったで賞	改善発表の内容や写真、表現などがうまかった	1万円
	発表内容に工夫があり、インパクトがあった（エンターテイメント性があった）	

※表彰結果は、その年度の忘年会で表彰と賞金授与する。
※今期より、毎年11月に改善発表会を行い、忘年会で表彰するので、H○○年だけは11月に上記表彰を目指して再度発表会を行う。
※管理職は改善発表会には必ず参加し、一般職員も希望者は出席させて投票権を平等に与える。
※改善発表会では、その改善の発案や携わった職員が発表してもよい。
※投票は、自部門以外の部門に対して、該当表彰を記入する。
※改善発表会で発表する改善内容は、自部門が狙いたい表彰に沿った項目を選んでもよい。
※理事長賞とその他の賞の二重表彰はない。（次点が繰り上がって部門賞になる）

■ X-1 医療法人○○会『改善活動』の成果までの軌跡

1 《業務改善活動》導入により、こんな成果がでた

1)	『改善』による時間削減効果で、患者・利用者への直接ケアの時間やベッドサイドでの時間が10％以上アップしました。
2)	消耗品コスト、イニシャルコスト、ムダ時間削減よる時間当たりコストが、総体的に5％以上改善しました。
3)	科学的検証は難しいが、「現場での気付き向上」により、患者・利用者満足度、職員同士の協力姿勢は確実に上がっています。
4)	整理・整頓が大幅に進み、業務効率の向上は見た目に明らかになりました。
5)	職員からの自発的な提案件数と改善件数が飛躍的に上昇しました。

2 ○○会の【改善活動の導入から成果】までのドキュメント

期間	会合名	実施内容	参加職員の反応	成果
1か月目	導入勉強会①	管理者向けに「改善」活動の必要性の勉強会の実施(コンサルタントから1時間前後)・・・不参加者にはCDを聞かせた。	「何か、押し付けられるのでは」と、若干の恐怖感をもった幹部職員の顔があったが、『改善』の他施設事例は興味深く聴いていた。	この段階では、「改善」とはそんなことかという若干の理解だった。
1か月目	導入勉強会②	他施設の改善事例勉強会の実施(コンサルタントから1時間前後)・・・不参加者にはCDを聞かせた。	スクリーンで見た改善の実施前と実施後の写真に興味を持ち始め、「この問題は自分達の施設にもある」と口々に言った。	『改善』の内容と程度についての理解が進み、少し興味を持つようになった。
2か月目	部署別の「着眼」ミーティングA	先ず入所の師長と主任に、個別ヒアリングを実施し、問題の『着眼』箇所の検討と今後の展開を説明(コンサルタント)	先般の勉強会の他施設事例がかなり参考になり、スムーズに「着眼」箇所の検討ができた。また『改善推進者』を決定し、今後のスケジュールを決めて、次回までに「改善課題」の収集をするよう指示を出す。	既に前回の他施設事例で参考にした箇所は、改善に取り組んだということで、スタート時点に立った。
2～3か月目	部署別の「着眼」ミーティングB～H	入所以外の通所リハや在宅、入所リハ、ケアマネ、事務、栄養部門等の他の部門の責任者とNO2に個別ヒアリングの実施(コンサルタント)	一部の部門では、「私はわかりましたが、職員からの反応がない」という声もあったが、総じて入所と同様の反応があり、詳細を決めた。	施設内でのコスト意識、時間意識等の計数感覚について、具体的に経験できたという感想が管理者からあった。
3～4か月目	3回に分けて全体改善勉強会	事実上のキックオフで、時間帯別、日程別に複数回に分けて全体の80％が参加できるように、改善の動機づけ勉強会の実施(コンサルタントと事務局)	既に幹部クラスは再度の復習になり、余裕の聞き方だった。初めて参加する職員も、「他施設の事例」では、関心しながら聞いていた。	初めての参加の職員も少しずつだが、「何が始まろうとしているのか」「何が求められているのか」がわかった感じである。
4か月目	部署別の「着眼」ミーティングA-2	入所の師長・主任と、各職員から集まった「改善課題」をスクリーンに出し、できそうな課題から優先順位をつけた。	この時点では、職員にも動機付けされた後であり、課題の絞込みもスムーズだった。実施前写真と実施後写真、「改善シート」の記入法を再度徹底した。	5つほどの改善案から、実施がそう難しくない2項目を選んだ。
4～5か月目	部署別の「着眼」ミーティングB～H-2	各部署毎の幹部と 各職員から集まった「改善課題」をスクリーンに出し、できそうな課題から優先順位をつけた(コンサルタント)	〃	〃
4～5か月目	部署別の「着眼」ミーティングA-3	入所の改善シートが上がり、実施前と実施後の写真、そして効果を確認した。合わせて職員の反応や参加状況もチェック(コンサルタント)	簡単な改善でも、写真で実施前と実施後にかなりの差があり、効果が目で見てわかるので、「自分たちでも決めた改善は楽しんでやってます」という返事があった。	2項目についてはすでに改善効果が上がり、次回につなげられると確信ができた。このまま継続して年間100万円程度の費用削減が見込める。
5～6か月目	部署別の「着眼」ミーティングB～H-3	入所以外の他部署からも改善シートが上がり、実施前と実施後の写真、そして効果を確認した。合わせて職員の反応や参加状況もチェック(コンサルタント)	〃	事務部門とは、業者契約状況をチェックし、燃料代、ガス代の再見積と競争入札を実施し、150万円の削減に早速成功。
6～7か月目	定例改善報告会議の実施	毎月1回の『定例改善報告会議』を各部の改善推進者と実施し、他部門の改善状況を公開しあう(コンサルタントが進行)	これまではコンサルタントと各部の改善の推進だったが、今回から他部門の状況が説明されるので、参考になることが多く、改善状況についても質問が出るようになった。	すでに各部では自分達なりに改善成果を確認しているが、他部門の事例で、自分たちにも当てはまることは、持ち帰って、次回の改善テーマに上げるよう発言する者が増える。
9か月目	改善状況を毎回公開	毎回の改善報告会議後はパソコンで状況を公開(事務局)	他部署の改善事例を参考にしている箇所とそうでない箇所と若干の温度差はあるが、総じて進んでいる	各現場で改善の成果が随所に出てきて、自主的なやる気にも大きく貢献
10か月目	半期表彰	6か月分の改善結果から、施設長、事務局、他の管理者(自部署以外)に投票してもらい、「改善ベスト10」の選出(事務局)	選ばれた部署の改善項目には、例【山田メソッド】と言う名前をつけて、改善表彰を職員会議で行う。その改善表彰状は掲示される。	選ばれた部署の改善発案者やそのチームは、俄然やる気を出し、さらに改善案を出すようになった。

■ X-2 改善報告書（事務）

平成○年○月度　改善　報告書

チーム名	事務	改善提案者名		
提 案 名	電話料金節減の意識	改善担当者名		

※内容がわかるようなネーミングをしてください。

※記入上の注意

1	統一書式のため勝手に変更しない	5	提案者・担当者名を記入
2	チーム名を必ず記入	6	写真は枠内におさまるようにすること
3	提案内容がわかるネーミングをする	7	書式外に写真や、データなどを貼り付けた場合は別紙で作成
4	改善提案者は「こういう改善をしたら‥」と提案した人の名前	8	改善担当者は、実際に改善を行動し、この改善報告書に書いた人の名前

改善前(問題発見)	改善内容(こんな手を打つべき、または打ってみた)
コメント	コメント
事業所内のIP⇔IPの使用は徹底できてきたが、携帯電話や他の一般電話への使用は、IP電話でかけていないことが多い。	電話機に、3分間通話した場合のそれぞれの料金比較を掲示した。料金を意識して、こちらからかける電話は、IP電話の使用を呼びかける。 IPを使用することで、話し中が減り、外部からの電話がつながりやすくなる。
写　真	写　真
3分間通話した場合の比較 IP　⇔　　IP　　0円 IP　⇔　一般　　8.4円 IP　⇔　携帯　50.4円 携帯　⇔　一般　126円 携帯にかけるときもIP電話を使用しましょう！！	

効果(こういう効果、成果が出てきた)　　　結果提出日　　月　　日
以前よりIP電話の使用度が上がったようだ。ちょっとずつ皆が意識し始めている。

今後の課題・さらなるテーマ
当事業所は、電話会社に設定を依頼しているので、一般電話を使用してもここまでの料金差はないが、やはりIP電話のほうが低料金とのことなので、周知徹底し、節減につなげたい。

管理者の評価コメント　　　管理者名
まだ、意識の段階なので、これを具体的に継続せざるを得ない状況にするやり方を考えてほしい。

■ X-3　改善報告書（デイサービス①）

平成○年○月度　改善　報告書

チーム名	デイサービス	改善提案者名		
提 案 名	入浴後の処置忘れ防止改善	改善担当者名		

※内容がわかるようなネーミングをしてください。

※記入上の注意

1	統一書式のため勝手に変更しない	5	提案者・担当者名を記入
2	チーム名を必ず記入	6	写真は枠内におさまるようにすること
3	提案内容がわかるネーミングをする	7	書式外に写真や、データなどを貼り付けた場合は別紙で作成
4	改善提案者は「こういう改善をしたら‥」と提案した人の名前	8	改善担当者は、実際に改善を行動し、この改善報告書に書いた人の名前

改善前(問題発見)	改善内容(こんな手を打つべき、または打ってみた)
コメント	コメント
入浴後の処置がある人には入浴チェック表にペン等で印をつけていたが、チェック表の確認をせずにフロアに利用者を連れていく等のミスが発生していた。入浴チェック表を確認しないといけない手間があった。	処置がある利用者の名札を作成し、皆が見やすい位置にかけれるようにした。
写　　真	写　　真
（しるしが小さいわ～／いちいちこれ探さないといけないの？…／見にくい～）	（拡大／誰もが目に付く位置に設置）

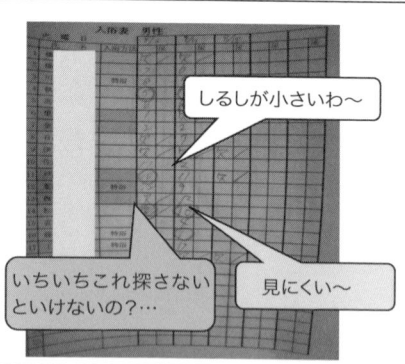

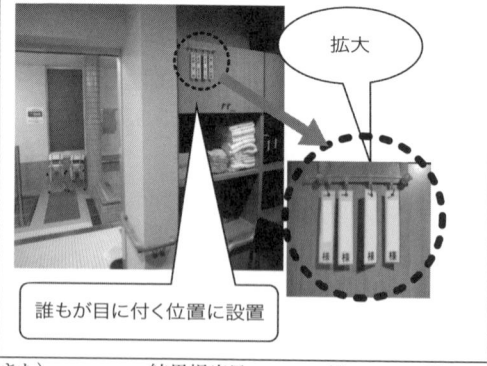

効果(こういう効果、成果が出てきた)	結果提出日　　月　　日

チェック表を探す手間を省くことで効率的な改善ができている。改善前の未処置ミスの数は把握していないが、改善後より、あとで「あっ！忘れてた！」や「帰る前に思い出しての処置施行」は減少している様子（バタバタしている様子が見受けられないので）。
職員の利用者に対する処置の内容や方法等の認識向上にもつながっている。

今後の課題・さらなるテーマ

管理者の評価コメント　　管理者名

これも一覧表での把握の難しさへの改善事例として有効だと思います。改善前のとおり、小さい文字は皆が見ない傾向が強いですね。

■ X-4　改善報告書（事務チーム）

平成○年○月度　改善　報告書

チーム名	事務チーム	改善提案者名	
提 案 名	燃料費削減	改善担当者名	

※内容がわかるようなネーミングをしてください。

※記入上の注意

1	統一書式のため勝手に変更しない	5	提案者・担当者名を記入
2	チーム名を必ず記入	6	写真は枠内におさまるようにすること
3	提案内容がわかるネーミングをする	7	書式外に写真や、データなどを貼り付けた場合は別紙で作成
4	改善提案者は「こういう改善をしたら‥」と提案した人の名前	8	改善担当者は、実際に改善を行動し、この改善報告書に書いた人の名前

改善前(問題発見)	改善内容(こんな手を打つべき、または打ってみた)
コメント	コメント
何が原因かわからず、ただ漠然と灯油の燃費が悪いとは思っていたが、月平均1500ℓ使用量があったと事務から聞いてビックリ。原因を業者にお願いして聞いてみた。	ボイラーの減圧弁に問題があり、それを変えれば燃費は飛躍的によくなると言われ、コスト計算した結果、購入することにした。
写　真	写　真

効果(こういう効果、成果が出てきた)　　結果提出日　　　月　　　日

減圧弁の取替えにあたり、灯油使用量が今までの1/7に削減し燃料費が半額になった(減圧弁は45,000円かかったが、灯油コスト142,000円が20,000円になり、大幅なコストダウンになった)。

今後の課題・さらなるテーマ

さらに使用料を把握していきたい。

管理者の評価コメント　　管理者名

気づいてよかったが、もし気づかずそのまま放置していれば、お金を湯水のように捨てていたことになります。他にも何か気づいたことがあれば、どんどん提案してください。

■ X-5 改善報告書（デイサービス②）

平成〇年〇月度　改善　報告書

チーム名	デイ	改善提案者名		
提 案 名	歩行器のカード準備で手間削減	改善担当者名		

※内容がわかるようなネーミングをしてください。

※記入上の注意

1	統一書式のため勝手に変更しない	5	提案者・担当者名を記入
2	チーム名を必ず記入	6	写真は枠内におさまるようにすること
3	提案内容がわかるネーミングをする	7	書式外に写真や、データなどを貼り付けた場合は別紙で作成
4	改善提案者は「こういう改善をしたら‥」と提案した人の名前	8	改善担当者は、実際に改善を行動し、この改善報告書に書いた人の名前

改善前（問題発見）	改善内容（こんな手を打つべき、または打ってみた）
コメント	コメント
利用者が使用する歩行器、車イスの準備にあたる際、曜日毎に表を作成し、その表をもとに準備を行っていた。しかし、準備をするときは、誰がどの分を使用するのかがわかるのだが、利用者が来所した際、送迎にあたる職員が全員覚えていることは不可能なため、一回一回利用者に使用する歩行器を聞いていた。同じ歩行器でも利用者にあわせて高さを変えているため、わかりづらかった。	利用者の名前、使用する歩行器等の種類を記名した用紙をラミネーターを使用して作成。そのカードと歩行器等に設置する用具を購入し準備を行う。 設置用具（クリップ式プライスホルダー2個付）＠￥105 ＠￥105×20個＝￥2,100
写　真	写　真

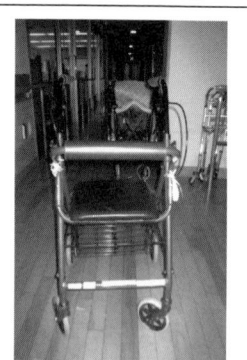

効果（こういう効果、成果が出てきた）　　　　結果提出日　　月　　日

誰が、どの歩行器または車イスを利用しているかが一目でわかるため、利用者に何度も聞くこともなく、スムーズに準備ができる。そして実習生・新人の方も簡単に用意できる等、教える手間も短縮できている。利用者も意見がいろいろで、名前がわかり、恥ずかしいという方もいますが、そのときはクリップは動かせて伏せることのできるので、そのたびに対応ができます。

今後の課題・さらなるテーマ

車いす・歩行器の保管場所の工夫が必要です。特に修理や調整が必要な機器も通常どおり、保管しているので、いざ使うときに即使えない。今後のテーマである。

管理者の評価コメント　　　管理者名

一覧表での把握は限界があるので、こういう機器類に直接名札や情報を書き込めるのは良いですね。

■ X-6　改善報告書（デイサービス③）

平成○年○月度　改善　報告書

チーム名	デイ	改善提案者名	
提 案 名	「連絡帳の改善で情報量アップと時間短縮」	改善担当者名	

※内容がわかるようなネーミングをしてください。

※記入上の注意

1	統一書式のため勝手に変更しない	5	提案者・担当者名を記入
2	チーム名を必ず記入	6	写真は枠内におさまるようにすること
3	提案内容がわかるネーミングをする	7	書式外に写真や、データなどを貼り付けた場合は別紙で作成
4	改善提案者は「こういう改善をしたら‥」と提案した人の名前	8	改善担当者は、実際に改善を行動し、この改善報告書に書いた人の名前

改善前(問題発見)	改善内容(こんな手を打つべき、または打ってみた)
コメント	コメント
『センターからの連絡事項』の部分に、日中の様子を家人にわかりやすく記入するようになっていた。しかし、記入する際に注意事項の連絡がない場合は、季節の挨拶で終わることがあり、家人から『様子がわからない』と苦情もあった。請求書、領収書配布のときは一回ずつ押印しており時間のロスも発生した。利用者をはじめ、家人も楽しみにしているものなので、わかりやすく見やすくしたい。	『看護師からの連絡』『レクレーション、リハビリ、食事、入浴の内容（様子）』を追加し、様子を記入することにした。請求書、領収書配布のお知らせについても、上部に『有』の欄をもうけ、○で囲むようにした。
写　真	写　真

効果(こういう効果、成果が出てきた)	結果提出日　　月　　日

『看護師からの連絡』『レクレーション、リハビリ、食事、入浴の内容（様子）』を追加し様子を記入することにより、日中の様子を細かく連絡できるようになったと思われる。請求書、領収書配布についてもペンで記入するだけなので、一回一回押し印で押す手間も省け、記入する時間の短縮もできる。

今後の課題・さらなるテーマ

管理者の評価コメント　　管理者名

■ X-7　改善報告書（記入ポイント）

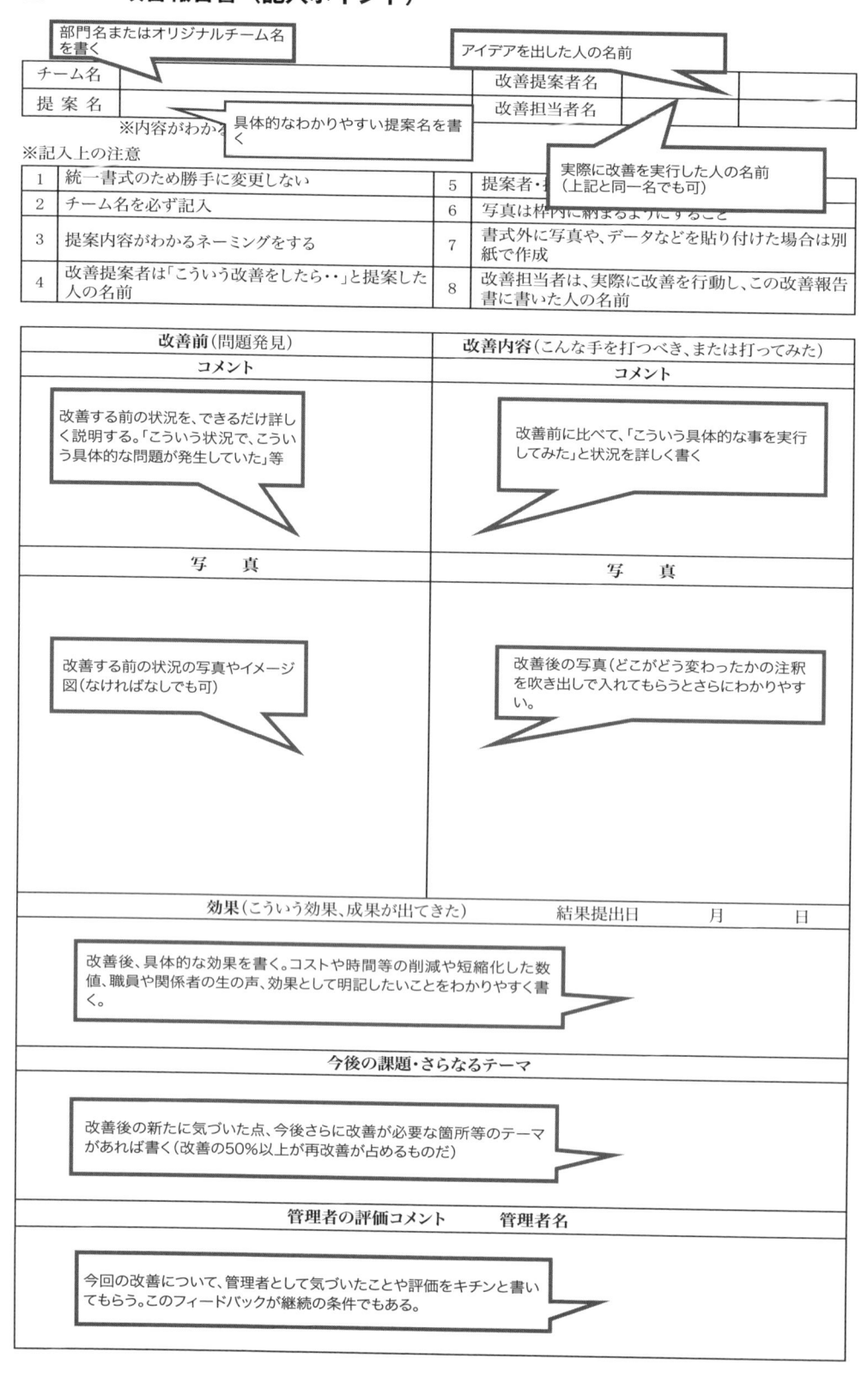

チーム名		改善提案者名	
提 案 名		改善担当者名	

部門名またはオリジナルチーム名を書く → チーム名

アイデアを出した人の名前 → 改善提案者名

具体的なわかりやすい提案名を書く → 提案名

実際に改善を実行した人の名前（上記と同一名でも可） → 改善担当者名

※記入上の注意

1	統一書式のため勝手に変更しない	5	提案者・担当者名
2	チーム名を必ず記入	6	写真は枠内に納まるようにすること
3	提案内容がわかるネーミングをする	7	書式外に写真や、データなどを貼り付けた場合は別紙で作成
4	改善提案者は「こういう改善をしたら‥」と提案した人の名前	8	改善担当者は、実際に改善を行動し、この改善報告書に書いた人の名前

改善前（問題発見）／改善内容（こんな手を打つべき、または打ってみた）

コメント

- 改善する前の状況を、できるだけ詳しく説明する。「こういう状況で、こういう具体的な問題が発生していた」等
- 改善前に比べて、「こういう具体的な事を実行してみた」と状況を詳しく書く

写真

- 改善する前の状況の写真やイメージ図（なければなしでも可）
- 改善後の写真（どこがどう変わったかの注釈を吹き出しで入れてもらうとさらにわかりやすい。）

効果（こういう効果、成果が出てきた）　　結果提出日　　月　　日

改善後、具体的な効果を書く。コストや時間等の削減や短縮化した数値、職員や関係者の生の声、効果として明記したいことをわかりやすく書く。

今後の課題・さらなるテーマ

改善後の新たに気づいた点、今後さらに改善が必要な箇所等のテーマがあれば書く（改善の50％以上が再改善が占めるものだ）

管理者の評価コメント　　管理者名

今回の改善について、管理者として気づいたことや評価をキチンと書いてもらう。このフィードバックが継続の条件でもある。

Category XI

内務規程作成
コンサルティングの進め方

1 内務規定（職場のルールブック）が求められる背景

「内務規程（職場のルールブック）」とは、ある程度細かい労務管理や組織内ルールを明確にすることで、トラブルを未然に防ぐマネジメント・ノウハウである。

(1) 既存の規則類では網羅されない、毎日起こる組織の悲喜こもごも

> ①介護施設・福祉施設には業務特性上、様々な規則やマニュアルが存在する。その規程どおりに運営しているつもりでもどこかで漏れが起こり、その漏れはそのまま重大な事故やミスにつながり、人命にさえ関わることもある。
> ②一般にいわれる就業規則類は建前論が多く、現実的でないケースが多い。また、規則やマニュアル類は「こうあるべきだ」論が中心で、「しなかった場合のペナルティや罰則」についてはほとんど貧弱な内容しか書かれていない。
> ③「曖昧なルール」や「人によって判断が異なること」は、組織のなかでは日常茶飯事に起こっているが、対症療法にとどまり、ルール化されていないことが多いのが実態である。
> ④会議で、職員からあがった問題に対して決定事項を出していても、それがルールとして公式に周知・徹底されなければ、当事者が今後同じ問題を起こさなくても、他者が起こすことは十分に考えられる。そこで、通常の規則類では網羅できない項目を、「内務規程」として整理する必要がある。
> ⑤内規（職場のルールブック）のほとんどの内容は職員管理に関することである。作業や業務に関する項目は、手順書やマニュアルを中心に行い、内規（職場のルールブック）では、労務管理・人材育成・信賞必罰管理が中心となる。
> ⑥この程度なら、就業規則や給与規程、他の規則類で大丈夫だという人がいるが、実際に労働基準法どおりに、すべての職員が権利を前面に出せば、業務に支障を来たすのは明らかである。そこには「確かに基準法では君の意見は正しいが、現状と組織を考えれば、矛盾とわかっていても、こうしてほしい」ということは多いはずである。
> ⑦また、心ある職員や管理者には、自己の時間や余暇を多少犠牲にしてまで職務に精励している人も多い。こういう「見返りを求めない献身的な心ある職員像」を他の職員にまで強制するわけではないが、多少の矛盾は勘弁してほしいというのが本音である。
> ⑧したがって、内規（職場のルールブック）は、法律違反をするということではなく、職員の権利主張にも、事前の約束事をあらかじめ明確にすることで、あとから「知らなかった」と言わせないためのツールということである。

> ⑨この内規（職場のルールブック）を作成して、いちばん必要性を感じるのは一般職員よりも、管理職以上である。それだけ、毎日職員の労務管理に悩まされることが多いという証左であろう。
> ⑩また、部下である一般職員から見ても、上司によって返答が違っていたり、判断に一定のルールや基準も存在しないのであれば、どう対処していいのかわからず、右往左往しても仕方がない。
> ⑪現実の介護施設の組織では、それが特養であれ、老健施設であれ、デイサービスであれ、限られた人員で全員がルールを守り、協力体制をとりながら、コストを抑えて運営していかねばならない。
> ⑫ルールと言うと、「押さえつけ」や「枠にはめる」等と、個人の尊重を無視した制度で縛り付けるという印象もあろうが、既存の規則類では、網羅できない様々な出来事について、「決め事」を作ることは今後の必須事項になるように思う。

(2)「起こってから対処する」より、「起こる前」の基本対処法が大事

　多くの施設では、利用者に関係することでは、何か問題が起こってからその対処法を決め、職員に告知しているというスタイルが一般的だ。起こる問題は当然、内容・状況とも千差万別であるから、対処解決でも仕方ない。

　しかし、労務管理についていえば、起こりうる問題はある程度決まっているし、過去にもいろいろ類似の事例で苦い経験もしているはずである。

　例えば、ある問題を起こした職員へ、管理職が始末書を出すように指示したとする。当然、始末書は評価の対象になる。以前にも類似した問題を起こした別の職員がいたとして、その時は始末書命令が出なかったとする。そうすると今回の当事者は、「自分だけが始末書を出さねばならない」という理由がわからず、「なぜ、前の○○さんのときは始末書がなくて、自分だけにはあるのですか？」という反論をすることになる。

　もし、ここで内規（職場のルールブック）に類似のケースの処分ルールがあれば、「今回のミスの度合いを考慮して、××の処分より、少し重くする」などと判断しやすくなるし、処分されたほうも納得しやすい。

　「賞罰委員会」が臨時に召集され、問題検討と処理を行うようなしっかりとした組織ならいざ知らず、ほとんどの施設では、上級管理職や事務長、施設長級で是々非々を判断しなければならない。だから、裁判でいう、判例のような基本ルールを決めておく必要があるのである。

　また、始末書や減給処分、ひいては解雇処分などの罰則は、毎日顔を合わせてい

る仲間に対しては、管理者・経営者といえどもなかなか言いにくいものだ。そして、議論すればするほど内容をほじくり返して時間の空費になったり、かたや検事的立場の経営者、かたや弁護士的立場の管理者などの話し合いと化し、一から議論すれば時間もかかるし、過去の類例のケジメへの批判なども出て収拾がつかなくなる。特に管理者が職員擁護派だったりすると、なおのこと話が進まない。

　このように、労務管理に関する内規（職場のルールブック）は、いちいち管理職が職員にいいたくないことやケジメに関することをあらかじめ明確化することに重きを置く。また、法人での労務管理上のルールを入職時に説明すれば、「この施設はそういうことがルールになっているんだ」と、あとからとやかくいわれる確率が減る。

(3) 悪いこと、問題を起こしたことは明確にケジメをつける

　私たち日本人は、その民族の歴史において、「村社会」のなかで互いを尊重しながら共に生きてきた。言いたいこともオブラードに包んで話し、問題だと思っても、「村八分」にされることを嫌がり、多勢に追従したり、見てみぬ振りをすることで組織のバランスをとったりする。

　外国でも大なり小なりあることだが、日本人はそれが諸外国に比べれば多いように感じられる。特に組織の管理では、誰でも「信賞」を与えるのは好きであり、予算と内容の許す限り積極的に行いたいものである。

　だが「必罰」に関して、多くの責任者クラスは、その必要性をわかっていても、その個人に与える影響やチームワークを考えて遅疑逡巡するケースが多い。組織の大義名分よりも、必罰を下した責任者が嫌われたり、指示を聞かなくなるのではという不安から、思い切って「必罰」を出せないのである。

　問題に蓋をした曖昧な解決策のままでは、事故やミスを防ぐことはできず、スピード経営、低コスト経営に対処できない。必罰を明確にできないということは、ケジメをつけることができないのだから、極言すれば職場での緊張感もなくなり、お互いの傷をなめあう仲良し集団と化してしまうことになる。

　そういう施設では、品質向上による利用者満足度の向上と、コスト削減・効率化という、相反する取り組みの成果を出すことはますます難しくなる。おそらく、そういう施設は、「必罰」ができないのだから、「信賞」も曖昧になっているのだろう。良くも悪くも曖昧な管理や評価では、人材育成や技術品質のレベルアップにならないのは明らかである。

　ここでいう「ケジメ」とは、「罰則を強化し厳正に運用せよ。問題のある職員は躊躇せず、ケジメをつけさせろ」という一方的な解釈をいっているわけではなく、むしろ、緊張感と責任感を各自に持たせるためにも必要なことだと考えている。

それは、そういうケジメ策がはっきりしているほうが、職場にメリハリが生まれ、適度な緊張感を持たせるということを意味しているのである。緊張感はケアレスミスを防ぐことにつながる。

2 「内務規程」の作り方

内務規程は各事業所オリジナルな内容になるが、進め方には基本がある。下記の要領に沿って作業を進めていくのが望ましい。

(1)「内務規程」に必要な事項

> ①内務規程（職場のルールブック）に必要な項目は **XI-2　内務規程詳細目次（参考例）** のように、詳細なものになる。

(2) 管理者アンケートで必要な内規事項の目次を決定

> ①日常のマネジメントでどんなことに困っているかを、まずはアンケート方式で **XI-1　「業務指針」「内規規程」作成のための事前アンケート** のように管理者から様々な意見を吸い上げる。
> ②いきなり検討会で行うよりも、アンケートの結果、どういう「決まり事予備軍」があったかを整理し、それに対して分類分け（目次分け）を行い、議論を進めるほうが迅速に整理できる。
> ③ **XI-1　「業務指針」「内規規程」作成のための事前アンケート** は、あらかじめ管理者に配布し、2週間程度の時間を設けて記入、提出させる。
> ④当然、アンケートを配布する前に、書き方や問題点の抽出法を説明しておかなくてはならない。事務部が事務局となり、アンケートを回収し、分類分け作業を行い、整理した資料をもとに、検討会を開催する。

(3) ヒアリングまたはプロジェクト検討会の実施

> ①内規（職場のルールブック）を具体的に議論する検討会を開催する。
> ②参加者はプロジェクト方式で、選抜管理者となる。組織によっては幹部全員というケースもあるが、議論を集中させるためにも、メンバーは少人数（7名未満）が妥当である。
> ③このメンバーは、通常の業務をしながら、この内規（職場のルールブック）

> プロジェクトの業務を行うので、所属部署のスタッフへ十分動機づけしておかないと、プロジェクトメンバーの立場が厳しくなるかもしれない。
> ④プロジェクト検討会で、経営陣が参加していない場合、議論はしても意思決定ができないケースがある。経営陣参加で進めること。

(4) 罰（ケジメ）以外は数か月間の模擬導入

> ①内規のプロジェクトが、「内規（職場のルールブック）」を提案し、経営側が了承したとしても、組織構成員である職員がうまく動くかどうかはわからない。実際にやってみてから修正を加えることも多々ある。
> ②また、いきなり「決まり事」を導入し、その「決まり事」どおりに実行しなかったら、即ケジメである「必罰」を適用するとなると、職員からの反発も予想される。
> ③そこで、しばらくは試行期間・訓練期間だと割り切り、学習させることに比重を置くことが大事である。
> ④また、労務管理に関する内容は、職員に公開する前に、労働法上致命的な問題がないかをチェックするためにも、社会保険労務士や専門家の意見を聞くことも怠ってはならない。

(5) 職員への基本説明は経営者、各部門への詳細説明は管理者

> ①職員へ動機付けする際に、経営者は内規（職場のルールブック）の基本となる説明を行う。
> ②原則作成された内規はプロジェクターで投影しながら説明し、職員に文書では渡さない。（**XI-3　独立規定型　内務規程抜粋　実例**）
> ③その場で詳しい内容まで説明するかどうかはケースバイケースであり、組織の状況によって判断したほうがよい。
> ④事前の心の準備ができていない状況で、いきなり経営者から、自分たちの意にそぐわない内規（職場のルールブック）が発表されれば、それは決定であり、引き返すことのできない方針だと受け取られてしまう。
> ⑤そこで、詳細な内容勉強会は管理者に任せ、説明段階で職員からどんな意見が上がったかを管理者に後でフィードバックさせるほうがよい場合もある。
> ⑥逆に規模の小さい施設や介護事業所、管理者を育てていない法人では、経営者が自ら行わないと、とんでもない問題が発生するかもしれないので、注意が必要である。

■ XI-1 「業務指針」「内務規程」作成のための事前アンケート

部　　門	
氏　　名	

1　あなたが業務をするなかで、「判断しにくい」「曖昧」「明確に言えなかった」「同じことが繰り返され、ルールが必要」等と感じたことは何ですか？　箇条書きで書いてください。

部下からの質問に対して	
1	
2	
3	
4	
5	
上司からの指示に対して	
1	
2	
3	
4	
5	
自分で気づいた問題点	
1	
2	
3	
4	
5	

2　あなたが業務をするなかで、幹部であれ従業員であれ「これはやってはいけない」と思うことがあれば、具体的な状況を書いてください（例　○のとき、■を△してはいけない）。
「十戒」にしたいと思うこと。

1	
2	
3	
4	
5	
6	
7	
8	
9	
10	

3　1・2であげた問題に対して、どういうルールを明確にすれば、曖昧さがなくなりますか？
　　具体的に書いてください。

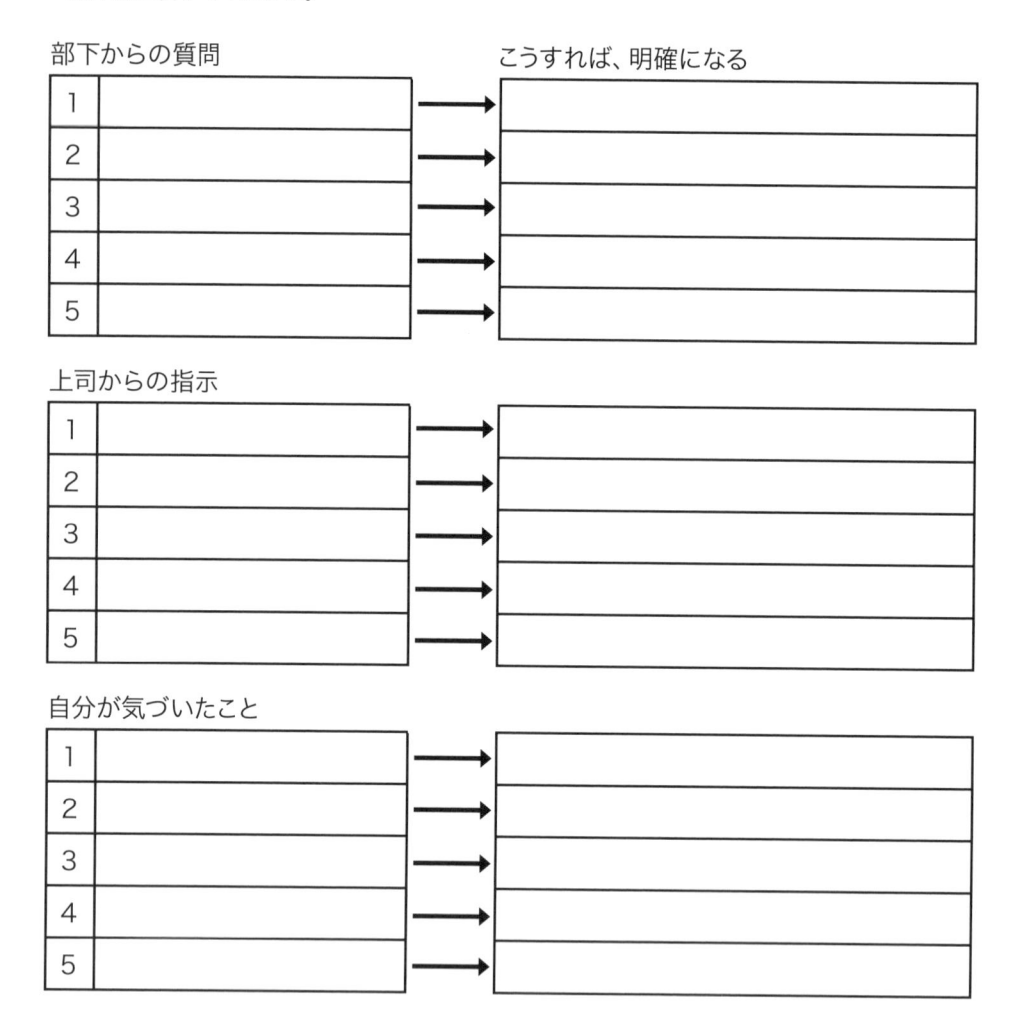

部下からの質問　　　　　　　　　　こうすれば、明確になる

1		→	
2		→	
3		→	
4		→	
5		→	

上司からの指示

1		→	
2		→	
3		→	
4		→	
5		→	

自分が気づいたこと

1		→	
2		→	
3		→	
4		→	
5		→	

■ XI-2　内務規程の詳細目次（参考）

I 勤務事項に関して	1. 出勤及び退社	出勤時の姿勢、出退勤時の身だしなみ、業務のために準備すべきこと
		退勤時の業務片付けの基本姿勢、責任ある退勤の姿勢とルール
	2. 遅刻・早退	遅刻・早退する場合の届出、事前申し出と誰に行うか
		始業時間に遅れる場合の不可抗力と本人責任のケース
		習慣的通勤環境で始業時間内に遅れると予めわかっている場合の対応
		タイムカード打刻ルール
		直行、直帰時のルール
	3. 欠勤・有給休暇・休日出勤・振替休日	有給休暇取得時の事前ルール
		有給休暇の希望と業務の都合がかみ合わない場合の協力姿勢
		休日取得と業務の都合がかみ合わない場合の協力姿勢
		病気の場合の取り扱い
		半日休日の取り扱い
		冠婚葬祭時の有給休暇の取り扱い
		有給休暇未取得者や取得率が少ない職員への評価
	4. 業務時間中の施設内の出入りについて	外出時の報告について
		業務中の勝手口からの出入りについて
	5. 勤務交替について	勤務交代をする場合の基本姿勢と偏りをなくす努力について
		頻繁に勤務変更がある職員に対する指導
	6. 超過勤務手続きの申請と認可について	超過勤務への申請ルール
		超過勤務に対する所属長の判断基準について
II 採用に関して	1. 新卒採用に関して	採用枠決定時期と部門意見の聴取ルール
		採用試験の内容と段取り
		採用面接時の使用シート
		採用決定時の保証人、誓約書について
		新卒の試用期間に業務適性がないと判断する根拠と手続きについて
		新卒の試用期間に業務適性がないと判断された場合の新たな雇用契約の提案について
		新卒の試用期間延長について
	2. 中途採用に関して	中途採用希望部署の稟議と手続きルール
		面接時使用する「中途面接シート」の活用
		中途採用者の保証人、誓約書について
		中途採用が必要な場合でも、事前に取り組む課題について
		欠員補充の条件（配置基準以外の場合）
		ヘッドハント、スカウトの場合の基準と手続き
	3. 中途職員の試用期間に関して	中途採用の試用期間の取り決め
		〃　　試用期間誓約書について
		〃　　試用期間の延長について
		パートへの雇用契約時の取り決め
	4. 新入職員（中途）の教育に関して	採用者の教育担当者の指名
		教育担当者の役割
		入職前までに手渡すもの
		入職当日の教育実施内容と担当
		入職当日の教育担当紹介と3か月教育計画書の説明について
		入職後1週間以内に実施すべき「制度理解」「ルール理解」「技術知識理解」の内容と教育担当者
		入職後1か月以内に実施すべき「制度理解のチェック」「ルール理解のチェック」「技術知識理解のチェック」と体験研修について（ビデオ、書籍、資料、マニュアル、教育担当者とおよその日程）
		入職後3か月以内に実施すべき「制度理解のチェック」「ルール理解のチェック」「技術知識理解のチェック」とレポート提出について（面談、レポート提出期限、再教育計画書の書き方）
		入職後3か月時点での、試用期間延長検討の進め方
		辞令の出し方と公開方法

Ⅲ 採用時の取り決め及び引継に関して	1. 自己都合の退職の基本展開	自己都合退職の場合の届出の判断基準について
		退職意思から退職決定、引継、円満退職までの基本展開
		即補填がきかない場合の対応についての協力
	2. 退職願い受理後	退職受理から引継計画とルール、提出書類
	3. 退職の意思表明に関して	退職に伴う基本姿勢
		引継に関する義務と責任
		身勝手な退職への対応
		「退職願」「退職届」「進退伺い」の預かり方とその後の取り扱い
	4. 役職者の退陣に関する取り決め	各部門別の役職者の退職の基本姿勢
		退職時引継ぎチェックリストの作成
		法人の事情を無視した場合の身勝手な退職行為と職場放棄、懲罰手続きについて
Ⅳ 人事異動に関して	1. 他部署経験と交流	入職後の人事交流時期
		他部署経験研修の実施について
		他部署経験の管理者の調整業務
		他部署経験が業務に支障を来たす場合（当面延期が認められる場合）
	2. 人事異動の条件	人事異動が必要な場合のケース
		人事異動を求める場合の役職者の準備と対応
		人事異動の稟議ルール
		人事異動後の教育について
		人事異動後の当初の人事考課に取り扱い
Ⅴ ケジメに対する対処	1. 必罰該当行為	懲罰規程の取り扱いについて
		始末書を要求する基準と各ケース
		始末書を要求後の受理手続きと承認について
		厳重注意処分の判断基準
		公開謝罪処分の判断基準
		減給の判断基準
		減俸、降職、解職、降格についての判断基準
		解雇、懲戒解雇の判断基準
		懲戒解雇後の取り扱いと訴訟について
	2. ヒヤリハット報告書・事故報告書に関する取り決め	ヒヤリハット報告書の定義と取り扱い、チェックすべき事項、指導すべき事項
		事故報告書報告書の定義と取り扱い、チェックすべき事項、指導すべき事項
		ミスやトラブル報告書の定義と取り扱い、チェックすべき事項、指導すべき事項
Ⅵ 基本動作に関する諸注意事項	1. 不注意事項の処理	不注意の器具、機械、車両の損壊
		不注意の損壊の場合のケース別弁償範囲
	2. 公用車の管理について	公用車の禁煙
		公用車の点検、清掃
		公用車の記録簿
		公用車のちょっとした傷等の修繕
		休日の公用車利用のルール
		通勤に公用車を使用する場合のルール
		公用車での事故（物損、人身）の対応と処分
	3. 公用車の運行管理について	公用車での交通違反と同乗者の責任
		高速道路利用に対するルール
		整備不良について
	4. 個人所有の車両を利用する場合	個人車両使用時の申請と許可
		個人車両を使用できる車両の条件
		個人車両での事故の場合の対処
		個人車両の使用料計算

VI 基本動作に関する諸注意事項	5. 喫煙に関する取り決め	喫煙場所の制限
		喫煙時間の制限
		会議時の喫煙
		嫌煙権の取り扱い
	6. 上司、職員同士の呼称について	役職呼称の統一
		あだ名の禁止
		タメ口の禁止
	7. 業務中の会話に関する注意事項	利用者、患者の本人の前でのケース別呼び方
		利用者、患者の本人の前以外でのケース別呼び方
	8. 出張及びレポート提出に関して	出張レポートの提出ルール
		複数での同研修、同出張レポートの場合
		回覧の仕方
		出張報告の仕方、活かし方
	9. 利用者や利用者家族からの贈答に関する取り決め	受け取り拒否の上手な仕方
		返品できない状況での贈答の場合
		生鮮品の場合
		自宅に送ってきた場合
		報告なく受理が後から発覚した場合
	10. 全体、部門会議に関して	各会議別、ミーティング別の名称、開催日時、開催時間、協議内容、参加者、事前準備、会議後の決定事項の取り扱い
		各委員会の別の名称、開催日時、開催時間、協議内容、参加者、事前準備、会議後の決定事項の取り扱い
		会議の進め方、議事運営の円滑な方法
		各参加者の会議参加姿勢
		議事録の取り方
		議事録の報告の仕方
		司会者の進め方
VII 自己管理に関して	1. 副業に関する取り決め	副業の禁止理由
		ネットワークビジネスの取り扱い
		ネットビジネスの取り扱い
	2. 外部からの講師依頼や謝金をもらった場合	報告ルール
		費用の配分
	3. 自己啓発・社内教育・外部教育・セミナー参加等	研修参加の起案書の出し方
		折半で費用負担する場合の基準
		資格取得に関する試験費用、通信教育費用の取り扱い
	4. 職員の病気・入院（育児休業関連以外）等に関して	長期休養が必要な場合の取り扱い
		復職時の取り扱い
		健康診断結果の取り扱い
		感染性疾患の場合
		インフルエンザ予防接種について
	5. 同僚の不正、変化の報告義務に関して	報告義務と内部告発制度について
		相談窓口利用、施設長への直接投書について
	6. 経営陣、上司が叱るとき（注意をしなければならないとき）	上司・経営者が叱る場合とタイミング
		叱られる理由
		叱り方
VIII 部門間協力	1. 部門間での応援協力について	学習した事項の相互ノウハウ保有について
		感染性疾患による職員病欠が複数発生した場合
		各施設、各法人が行うイベントによる協力
		各委員会での協力
		部門での欠員が生じた場合の緊急応援のケース
		ISO、機能評価等の部門を飛び越えた委員会活動からの指示命令に対する姿勢

XI-2 内務規程の詳細目次（参考）

IX. キャリア開発教育に関して	1. 経験別・層別の教育体系（一般職）	入職後1年以内の全職員共通教育
		入職後1年以内の看護職員教育
		入職後1年以内の介護職員教育
		入職後1年以内の在宅職員教育
		入職後3～5年以内の全職員共通教育
		入職後3～5年以内の看護職員教育
		入職後3～5年以内の介護職員教育
		入職後3～5年以内の在宅職員教育
	2. 経験別・層別の教育体系（管理職）	入職後5～10年の次期初級管理者教育
		看護職員初級管理者教育
		介護職員初級管理者教育
		在宅職員初級管理者教育
		中級管理職員共通教育
		中級管理看護職員共通教育
		中級管理介護職員共通教育
		上級管理者教育
X. 給与とは		人件費の生まれる背景
		人件費を増やす条件
		給与の仕組み
		給与の分配の条件
XI. わが法人で給与や賞与が上がる条件		職務能力が上がる条件と内容
		成果が上がる条件と内容
		当法人の知名度向上、イメージアップ
XII. わが法人で減給、賞与削減される条件		チーム、ご利用者に迷惑をかける行動の内容
		法人に被害をもたらす失敗、マイナスイメージを出す失敗の内容
		給与ほどの貢献がない場合の内容
		介護報酬等や補助金が削減された場合の内容
XIII. わが法人で解雇、リストラされる条件		介護報酬等の著しい削減の内容
		施設の規則、規定の不履行の各ケース
		度重なる基本動作の不徹底
		意図的、無意識を問わず違法行為
		その業務が施設から外部へ委託、派遣又は業務縮小すること

■ XI-3　社会福祉法人○○会　内務規程（職場のルールブック）抜粋

平成　年　月

作成メンバー　　監修　　　　○○理事長
　　　　　　　　副監修　　　○○施設長
　　　　　　　　参加者　　　各部門責任者
　　　　　　　　作成指導　　○○○○（コンサルタント）

I　勤務事項に関して

1．出勤及び退社
①出勤は始業時間に業務開始できる体制であること。(例：7時出勤とは7時に業務ができる状態のこと)各出勤時間の10分前までを心がける。ただし、各部門の業務上及び自発的に決められた出勤時間を優先すること。業務開始前に準備を済ませておくこと。
②退社は、就業時間が過ぎて退社準備すること。終業時間は、業務終了時間という認識を持つこと。

2．遅刻・早退
①予め遅刻・早退することがわかっている場合は、課長SMに事前に届出を出し承認を得、当人から管理者にも報告する。
②病気及びその他止むを得ない理由で、早退・私用外出しようとする場合は、課長SMに事前に届出を出し承認を得、当人から管理者にも報告する。
③始業時間に遅れたときは、出社後**速やかに届出書を**提出すること。
　・本人には関係のない交通事故で道路が渋滞し、遅刻した場合。
　・本人が原因ではない交通事故に遭遇して遅刻した場合（貰い事故）。
　・道路凍結、冠水、通行止め（工事中や異変等）等の道路状況の異常による遅延の場合。
　・翌日朝の天気（雪や台風、大雨等）が予想される場合は、業務優先で事前に対策を準備する。
　・出勤した後に、本人の申請で早退が不可欠な場合と管理者が判断した場合、その指示に従う。
　・早退前に届書を提出する。
　・但し、休日明けの朝や雨の日の朝は渋滞が予想されるので早めに出る。
　・事故以外の自然渋滞での遅れは遅刻扱いとする。
④遅刻及び欠勤等の連絡は原則本人が連絡をすること。（本人以外の連絡は認めない）
⑤不可抗力以外の遅刻は、人事考課時、1回につき2点の減点を行う。面談時に管理者より説明する。

3．欠勤・有給休暇・休日出勤・振替休日
①有給休暇を取得する場合は、事前に届け出るものとし、**勤務表作成時**に申し出ることとする。ただし、**その休日が業務に支障がある場合は、所属長より休日の変更指示をすることがある。**それでも休日を取る場合は欠勤扱いとする。
②所属長指示により、業務都合上休日に勤務する場合は、ローテーションで超過勤務にならないよう適切に所属長が指導する。（変形労働時間を適用する。）
③病気等による欠勤は有給扱いとする。（3日までの病欠の場合は病院レシート、4日以上は診断書提出のこと）
④本人以外の連絡は無断欠勤扱いとする。ただし、止むを得ない事情がある場合はそれを認める。
⑤公休希望・有給取得に当たって、下記のような場合は所属長から有給変更または出勤要請を指示する場合がある。また、その日の必要職員数が確保できない場合には、有給が認められない場合がある。
　・有給希望日、公休希望日が重なった場合
　・行事イベントがある場合
　・感染性疾患（嘔吐下痢、インフルエンザ他）が流行している場合
　・捜索や風水害等の災害がある場合
⑥冠婚葬祭等による有給は優先される。

4．業務時間中の施設内の出入りについて
①外出時には、必ず事務所前を通り、事務員に一声掛けて施設内の出入りを行う。
②施設の裏口から、勝手に出入りすることは認めない。必ず事務所及び宿直員に一声掛ける。

5．勤務交替について
①勤務交替をする場合は、各自が交渉して所属長へ勤務交替願いを提出する。所属長は修正された**最**

新の勤務表を掲示しておく。
②総合介護部は所属長が修正された勤務表を事務と施設長へ報告する。
　特定の職員が、業務上以外（私用等）での勤務交替が頻繁であったり、各自交渉で不公平感や不満がある場合は、**所属長が把握し双方に事情聴取し、カイゼンに努める。**

6．超過勤務手続きの申請と認可について
①超過勤務については、事前の許可を必要とする。課長の判断により、認可するケースと認可しないケースがある。
②課長による業務命令で超過勤務が発生する場合は、規定どおり手当を支給する。

Ⅱ 採用に関して

1．新卒採用に関して
①採用枠と方針の決定は、**毎年7月までに**来春の採用枠と方針を経営会議で決定する。福祉人材説明会（8月）後に、第1次選考会を実施する。
②採用決定は施設長が行い、理事長の承認を得ると共に事務課へ連絡する。
③採用決定後は、**「誓約書」（保証人込み）**を取り寄せる。（事務課が管理する）
④採用確定後、各部門へ採用予定者を公開する。
⑤各所属長は**7月上旬までに**必要数等を施設長へ申請し、**経営会議で決定**する。
⑥新卒職員は採用当初は**「契約職」**の臨時職員として採用し、正職員の基準に達した場合は**1年後に正規職員**とする。
⑦新卒職員が職務上不適性と判断される場合（**途中で契約解除**）の基準。
　・所属長が本人に様々な職務上の機会を与えたうえでも、不適性と判断した場合
　・期間中に雇用継続が困難な問題を起こした場合

2．中途採用に関して
①中途採用が必要と判断した場合、所属長から施設長へ報告し、理事長の承認を経て、事務課に連絡する。
②面接者は「**中途採用シート**」に記入しながら、面接を進める。
③採用決定後は誓約書（**保証人**）を取らせる。（事務課が管理する）
④採用確定後、各部門へ採用予定者を公開する。
⑤欠員補充については、法定配置基準を上回っている場合は、**「欠員無補充」**でどのようにオペレーションを行うかの計画書を、施設長へ提出する。よほどの理由がない限り、**1か月程度は無補充**で業務ができるような計画やルール・仕組みを、管理者は各部門で協議しながら作成する。
※現場作業者の欠員が出ても、入所者満足を維持しつつ、作業カイゼンができているということは評価のプラス対象とする。
※**欠員の結果、法定配置基準を下回った場合は、即採用する。**

3．中途職員の試用期間に関して
①原則**3か月を試用期間**として当てる。
　試用期間とは、労使双方の要望が噛み合わない場合や労働者の適性が満たされない場合、離職勧告できる期間として、双方理解する。
②但し試用期間でも**「試用期間誓約書」**に署名捺印させる。
③試用期間は、人によっては短縮されたり、または6か月以内の範囲で長期化されるケースがある。3か月以上試用期間が延長される場合は、管理者が適性を把握して、離職勧告させることもある。

4．新入職員（中途）の教育に関して
①所属長は、中途職員採用決定後に、該当部署の**副主任以上の「教育係」**を指名しておく。
②指名された**「教育係」**は中途採用職員の良き協力者として下記の業務を行う。
　・1か月間の現場教育計画の作成とチェック
　・業務のケアやメンタルケア
　・相談相手、悩み相談の解消役
　・毎日、なんらかのコミュニケーションをとる
　・現場習得状況の把握と評価

III 退職時の取決め及び引継に関して

1. 自己都合の退職は、退職したい期限の2か月以上前に意思表明をし、退職願を提出する。
①即補填が効かない場合や、業務上の支障が大きい場合は早めの退職願い提出を基本に考える。

2. 退職願い受理後1か月以内に業務の引継を行う。施設は所属長の判断で、引継等を決める

3. 退職の意思表明に関して
①業務の特性上、退職手続きは真摯な姿勢（施設側の状況も鑑みて）で行う。
②転職先が先に決まっているなら、引継は短時間で要領よく、仲間に迷惑をかけないように通常以上に努力する。
③施設との決められた手続きを守らず、引継も中途半端で、各種手続きを踏まずに、退職または出社をしなくなった場合は、**「職場放棄」**とみなし、懲罰行為とすることがある。
④「退職意思」を、本人がまず課長へ口頭報告する。部門長（課長）は即、施設長へ相談し、**「退職届」**の提出か、または慰留かを検討する。その検討結果は部門長（課長）が本人に連絡する。
※事前に退職意思や退職願があって、その後に退職届が基本である。

4. 役職者の退職に関する取り決め
①事務的な**引継事項**（県や市町村への調整中の案件（申請や手続き中）の事項等）を引継書に記入して新担当者へ渡す
②退職時に職務分掌表によりチェックし、必要な引継を行う

IV 人事異動に関して

1. 介護部は入社後3年・6年・9年を迎えた年度に、1か月の他部署経験を実行し、部門間交流と問題解決の協力を行う。
①介護事業部は、**特養とデイサービスで実施する。（居宅と訪問介護は含まない）…バーター（当事者交換）**で行う。
②昇給査定時に、**「今年度の他部署経験者該当一覧」**を事務課が施設長へ提出する。
③他部署経験は交流する部署の所属長同士が話し合い、スケジュールを組み、施設長へ提出する。

2. 人事異動は下記の条件の時に部門長から施設長へ稟議申請し決済の結果行われる
①現部署では貢献度が低く、他部署にその活路の可能性があるとき
②他部署の欠員が生じ、配置転換の必要が生じたとき
③本人に長年の職場環境でマンネリが生じ、それを打破する必要が生じたとき
④本人からの強い要望があり、施設が適当と認めたとき
⑤既存の部署又は所属長からの要望で、配転した方が組織上好ましいとき

3. 通常の定期異動の年度変わりの4月のみだけでなく、新規事業立ち上げ等で必要に応じて随時に異動・配置転換をすることがある。

V ケジメに対する対処

1. 必罰行為該当事項と処分一覧
懲罰行為とその処分は「懲罰規程」と照らし合わせ、施設長と課長以上による**「賞罰委員会」**が毎回協議のうえ、下記のように行う。

No.	懲罰該当項目	処分内容
1	ヒヤリハット報告書、事故報告書等の事実を歪曲したり、度重なる請求にも関わらず提出しない場合	口頭注意または訓戒
2	同一人物の同一原因による事故が継続している場合（同じ内容の事故報告書が続く場合）	訓戒または減給
3	施設へ報告せずご利用者からの金品・接待を勝手に受け隠匿した場合	訓戒または減給
4	飲酒運転による免停、取り消し等の処分があった場合	解雇
5	度重なる交通違反により2か月免停以上で車両運転ができない場合（業務上他人に迷惑をかける）	その間の減給
6	施設内または訪問先で自らの暴力またはそれに相当する行為（虐待）をした場合（言葉の暴力含む）	減俸または解雇
7	セクハラを起こした場合	懲戒解雇

8	重要な報告を遅延、またはしなかった場合	訓戒または減給	
9	業務中の自己の不注意による人身、物損交通事故を起こした場合（免責を超えた事故）過失割合により異なる	減給または減俸	
10	業務中の自己の不注意による人身、物損交通事故を起こした場合（免責以内の事故）	修理費を自己負担（負担率は状況により異なる）	
11	届け出又は連絡のない業務時間中のサボり、職場放棄をした場合	訓戒または減給	
12	刑事事件相当の法律違反を個人で犯した場合	減俸から懲戒解雇	
13	度重なる業務命令、改善命令をしたにも関わらず実行しない場合（私的なことが業務に影響する場合も含む）※個人的な理由で度重なる訪問、電話を外部から受ける等	訓戒から解雇	
14	上司、同僚の不正を知りつつ放置し、報告しなかった場合	訓戒	

- 口頭注意処分とは、始末書提出まで要求しないが、厳重に注意することである。
- 謝罪とは、迷惑をかけた部署の職員の前で、正式に謝罪をすることである。
- 訓戒とは、始末書を提出し、厳重注意を受けて、2度と起こさないように誓約すること。
- 減給とは給与支給額の10％以内を、懲罰の比重に応じて、1か月以上6か月未満内で適用。
  また減給処分には、昇給停止も含むことがある。
- 出勤停止は、始末書を提出させ7日以内に出勤停止処置。その間の賃金は支払わない。
- 降職、降格処分とは、役職や資格を下げることをいう。
- 解職とは、その任を解き、役職者から一般職員へ降格すること。
- 減俸とは、年収換算（昨年賞与含む）から10％以内を懲罰の比重に応じて減給同様適用する。
  また減俸処分には、賞与支払停止を含むことがある。
- 解雇とは、退職願や辞表の提出を勧告し、即時退職を求め、催告期間内に勧告に応じない場合は懲戒解雇に付するもの。
- 懲戒解雇とは、解雇予告・予告手当を支給せず、退職金は支払わない。
  また、退職後に他社へ就職した場合、問合せがあれば、「懲戒処分」した旨を伝える。
- 罰金とは、個人から案件1つに付き上限5,000円を徴収すること。徴収した罰金は福利厚生として皆で利用する。
- 罰則作業とは、減給まではいかないが、始末書だけでは問題解決できない場合、トイレ掃除やゴミ掃除等の罰則作業を行うことである。
- 利用者、家族への直接謝罪もある。

介護事業部固有の罰則該当項目（ケーススタディ）

	懲罰該当項目	処分内容
1	同じ職員に対し利用者家族からの苦情が多い場合（ある期間内に多発している場合）	口頭注意から減給
2	利用者に対し「○○ちゃん」と呼称した場合	口頭注意から訓戒
3	利用者をバカにした態度を取ったり、プライドを傷つけるような行為をした場合（何気ない一言でも利用者が傷ついたと思われる場合）	口頭注意から訓戒

2. ヒヤリハット報告書・事故報告書に関する取り決め
　①**ヒヤリハット報告書（障害者事業部）とは、事故（利用者・職員の怪我、交通事故、物損）以外の**ケアレスミスを含む過失やヒヤリハットに対しての報告書を指す。ヒヤリハット報告書は、**懲罰的な意味合いではなく、職員相互が改善に利用する**ものである。
　　・環境整備につながる改善提案
　　・機械や器具類の操作に関する改善提案
　　・利用者同士のトラブル防止策の改善提案
　②**介護事業部でのヒヤリハット・ミストラブル・事故報告書の基準は、「ヒヤリハット・事故報告書の基準」**（H24.6月改正）とする。
　　・ヒヤリハット報告書は、懲罰的な意味合いではなく、職員相互が改善に利用するものである。
　　・ヒヤリハット報告書は、このままでは事故・トラブルにつながる行為への発見に対して提案する
　　・各介護行為時の事故には至らなかったが、「ヒヤリ」「ハット」したことの提案
　③**ミストラブル報告書**は、事故（利用者・職員の怪我、交通事故、物損）以外のケアレスミスが発生した場合に提出する。
　　・提出するのは、**実際にミストラブルの当事者**とする。

- 所属長は第1発見者の内容を吟味し、当事者を確定する
- 大きな事故を未然に防ぐためにも、ミストラブルの内容を公開し、改善策を議論しながら決める
- 介護業務のケアレスミス全般に関する事実と原因と改善策

④**事故報告書**とは、具体的に発生した職員・利用者の怪我、交通事故、物損について**当事者が提出**する。
- 職員・利用者の怪我全般
- 職員・利用者の交通事故全般
- 職員・利用者の原因・当事者を問わず物損、破損全般
- 介護事故における事故報告書となる場合は施設外受診を行ったかどうかで判断する

⑤ヒヤリハット、ミストラブルレポート、事故報告書の保管と処理に関する取り決め。
- 両報告書とも、原本は各部署が保管（2年間＝各自ファイルにて）し、コピーを当事者へ渡す

3．本人と所属長の連帯責任について
①内規、業務手順書に準拠しない行動を当事者が勝手に行い、トラブルを起こした場合は、本人単独責任とし、上長は注意処分のみとする。
②内規違反、業務手順書の不遵守によるトラブルで、当事者が減給以上の処分が必要と認められたときは、管理者は**管理不行届き責任**として、応分の責を負う。
③各個別の案件については**賞罰委員会**でそれぞれ状況を判断し、**不問又は管理不行届きの責任範囲**を決める。

VI 基本動作に関する諸注意事項

1．不注意事項の処理
①意図的ではないが、法人所有物を破損した場合、その**状況報告書を始末書と共に提出**し、経営者と直属管理者で**費用負担**を決定する。
②該当器物は、

| PHS |
| ハンディナースコール |
| 公用車 |
| パソコン及び関連機器 |
| カメラ・ビデオ及び関連機器 |
| 介護用ベッド及び関連機器 |

③本人の不注意度によって、法人負担と本人負担を決める（所属長が施設長へ稟議）。内容の決定は、賞罰委員会で行う。

全額個人負担	情状酌量の余地なし、懲罰を含めた処置
7割個人負担	完全な本人の不注意
5割個人負担	本人不注意だが、情状酌量の余地あり
3割個人負担	不可抗力だが、注意で防げたとき
1割個人負担	不可抗力だが、たまたま本人の運が悪かった場合
個人負担0	本人の責任ではない

2．公用車の管理について
①利用者同乗時には、**公用車は禁煙**とする。（利用者にも適用する）
②毎日所定のノートに、業務終了時のメーターを記入すること。
③少しでも異常を感じたら近くのガソリンスタンドで点検してもらう。
④ガソリンを入れたとき、ノートにその日の備考欄にリットルを記入する。
⑤キーを紛失した場合は、総務保管のスペアを借り、**自費でキーのコピー**を作ること。
⑥本人の責任による損傷は、その修理代金を上記の負担比率によって負担しなければならない。
⑦ガソリンの領収書・納品書を紛失したときは、自己負担とする。
⑧**休日の公用車使用**について
- 休日の公用車の個人使用については、ガソリン代は個人負担とする
- 休日前に満タンにして、出勤前までに満タンにしておく
- 休日明けの日に給油することは認めない

3．公用車の運行管理について
①業務中にスピード違反、駐車違反その他の違反で罰金が発生した場合、罰金は個人負担とする。
②業務中にスピード違反、駐車違反その他の違反で罰金が発生した場合で同乗者がいる場合は、同乗

者も罰金半額負担。
　③公用車での運転開始前には、必ず始業点検を行う。

4．個人所有の車両を使用する場合
　①公用車が使えない場合の個人所有の自動車の使用は、必ず所属長の許可を得る。
　②個人所有の車両を使用する場合は、法人が定める車両保険（任意保険）に加入していること。それ以外の車両での使用は認めない。
　③所属長の許可を得ずに起こした事故、トラブルは使用者の全額負担とする。
　④所属長の許可を得た後に起こした事故トラブルについて、かかった修理費用については、法人側は過失割合をベースに応分の負担を行う。

5．喫煙に関する取り決め
　①各自喫煙マナーを守るように心がける。
　②就業時間中・施設内・訪問先においては、喫煙場所以外は常時禁煙とする。
　③事務所内においては所定の場所以外は禁煙とする。

6．上司、職員同士の呼称に関して
　①通常所内では「〇〇部長」「××課長」「△△主任」というように必ず役職で呼び合う。障害事業部は利用者と一緒のときは、臨機応変に対応する。
　②年下や、部下を呼ぶ場合も「〇〇君」、女性には「××さん」と呼ぶ。
　③ニックネームや「〇〇ちゃん」のような呼び方は禁止する。
　④呼び方がおかしい場合、指摘されたら速やかに改善する。ただし、仕事を離れた場面ではこの限りではない。
　⑤タメ口（無礼な友達感覚の言葉）は職場内では使わない。

7．業務中の会話に関する注意事項
　①職員同士が利用者について会話するときは、「あの人」「彼」「彼女」ではなく、しっかりと苗字で「〇〇さんは……」と呼ぶ。
　②利用者を呼ぶ場合は、原則「〇〇さん」と呼ぶ。（名前で呼ぶことを利用者が好む場合は、苗字でなくてもよい）。
　③利用者が職員よりも年上の場合は、必ず「〇〇さん」を徹底する。どんなケースでも愛称や俗称では呼ばない。
　④利用者が児童の場合は臨機応変に呼称を変えてもよい。

8．出張及びレポート提出に関して
　①復命書（出張報告書）の提出は、**帰所後3日以内**に行う。
　②複数で同じ研修に行った場合の復命書は連名で提出し、**メインの作成者（その研修参加のリーダー）が記述し、他の参加者も必ず執筆（所見・意見・感想他）**する。
　③復命書は回覧して見てもらうレベルの内容に絞って提出する。**（提出フォーム：学んだポイント、意見感想、学んだことを施設内に活かすための計画書等）**

9．利用者や利用者家族からの贈答に関する取り決め
　①原則として、贈答は受け取らないことにしている旨を伝える。
　②断れずに物品の贈答を受けた場合、施設長に報告後、管理者が処理する。
　③酒類、衣類、化粧品、生鮮食品類等の分けることが難しい物は、各施設で集約して福利厚生に利用する。
　④職員の家に送ってきた場合、そのまま報告して、各施設の集約場所に保管する。生ものは即分ける。

VII　自己管理に関して

1．副業に関する取り決め
　①原則、主業務に影響するような副業は禁止とし、副業を意向する場合は施設長の許可を得る。
　②ネットワークビジネスをする場合は、施設内や施設職員、利用者への勧誘をしてはいけない。
　③本人の家族がネットワークビジネスをしている場合でも、上記と同一とする。

2．外部からの講師依頼や謝礼金をもらった場合
　①金額に関係なく施設長へ届出を必ず行うこと。

②施設長から、その費用についての配分をそのつど指示してもらう。

3. 自己啓発・社内教育・外部教育・セミナー参加等
①研修会、セミナー、通信教育の受講を希望する場合は、起案書を出す。
②施設側が許可した場合は、費用を施設側が負担し、勤務シフトも配慮する。
③申請受理がされない場合は、自己負担。（ただし事後判断で施設が費用負担する場合もある）
④資格取得の試験費用は個人負担とする。

4. 職員の病気・入院（育児休業関連以外）等に関して
①6か月以上の入院及び静養の場合、施設長と話し合いのうえ、休職または回復までの一時解職もあり得る。
②再検査の必要がある場合は、再検査結果を各自が看護師へ報告する。その後看護師から本部へ結果を報告し、本部はデータとして把握しておく。
③感染性疾患にかかり、出勤することで施設内に伝染する可能性がある場合は、所属長が強制的に有給休暇を取得させることができる。その場合、該当者は所属長の指示に従わねばばらない。

5. 同僚の不正、変化の報告義務に関して
①同僚や部下の不正や異常行動に対して、「適切な指導やチェック・改善を行動で示さず、施設長への報告もせず見過ごしている」と判断されたら、その上司、同僚も関連懲罰の対象とし、「始末書」「減給」等を行うことがある。
②同僚、部下の行動の変化、表情、言動等、職務遂行の基準とは明らかに異常があると見られたら、即時上司・施設長に報告する。（メールでも可）

6. 経営陣、上司が叱るとき（また、注意をしなければならないとき）
①自分の責任回避の言い訳が目立つとき。
②時間の約束、提出書類の期限の不履行、あきらかに手抜き仕事と思われるとき。
③原則、個人面談で叱るが、あまりにひどい場合は朝礼時にみんなの前で弁明させることがある。
④虚偽報告をしたとき。（やってもいないのに、やっているかのように報告した場合）
⑤上席者を上席者として対応しないような言動、行動がある場合。タメ口（無礼な友達感覚の言葉）等。
⑥組織ルールに則って行動したにも関わらず、指示を励行しない場合。

VIII　部門間の協力に関して

1. 部門間での応援協力について
①相互協力事項として
・互いに開発したノウハウ、学習した資料、作成したソフト等は施設長に報告し、積極的に他部署にも渡るようにする
②病欠その他で、急に業務を休む職員が発生し、通常業務に支障を来たす場合
・部署の責任者は即時、施設長に報告し、人員の補充手配を依頼する
（施設職員、看護職員、介護職員の他の部署からの臨時応援を要請）
・施設長が決裁し、決定した人員手配について、応援を出す部署の責任者は従わなければならない
（相互にあり得るために、日ごろから気持ちよく協力する姿勢が望ましい）
・なお、施設長が不在時には、課長（障害部門）・係長（介護部門）クラスが協議しながら施設長決裁の代行を行う

IX　給与とは

1. 当法人の収入源は、介護保険料と支援費、措置費、ご利用者負担金、県市の委託事業費等である。
2. 介護報酬改定等（支援費含む）で、収入が低下した場合、委託事業費の削減等があった場合、即法人の経営面に影響する。
3. 人件費とは毎月支払われる 月例給＋賞与＋法定福利費＋福利厚生費 の総額である。そして、法定福利費は従業員と施設が折半して支払っているので、社会保険料の上昇は、個人だけではなく、施設にも経費上昇をもたらす。
4. 当法人の人件費は、自動的に年々上昇するものではない。あくまでも収入との兼ね合いで決定される。
5. その人件費から、各自の貢献や功労において公平に分配されるのが給与である。

X　我が法人で給与や賞与が上がる条件
　1．職務能力が向上すること
　①時間当たりスピードが向上し、効率アップがなされること。
　②品質レベルが上がり、間違い・ミスが減少すること、ご利用者からの不満がなくなること。
　③より上の段階の仕事ができること。
　④任せても安心な段取り・取り組みができ、信用できること。
　⑤仕事に必要な知識が吸収され、活かされていること。

　2．成果があること（個人だけでなく、チーム全体での貢献含む）
　①特定期間に、結果が明らかに出ること。
　②ご利用者満足度が、結果として明確なこと。
　③接遇接客レベルが上がることでリピータ率向上と紹介が増えること。
　④上司や先輩のサポートがうまくでき、貢献度が高いこと。
　⑤介護事業部としては、待機者が増え、ベッド利用率が常に限りなく100％に近いこと。
　⑥在宅事業は、ご利用者数が増えること。
　⑦障害事業部としては、常に定員を満たしていること。
　⑧障害事業部としては、地域生活への移行が進むこと。

　3．当法人の知名度向上、イメージ向上で貢献すること
　①社会的に評判になるような行為をした場合。

XII　我が法人で減給、賞与削減される条件
　1．チーム、ご利用者に迷惑をかける行動
　①施設・チームの約束事、施設の内規を守らない場合。
　②期限内に指定された業務を履行しない場合。
　③必要な報告をしない場合。
　④指示の仕方、伝達の仕方が悪く、報告連絡相談に支障を来たすことが多い場合。
　⑤自分本位の仕事の進め方でご利用者や仲間から注意を受ける場合。
　⑥態度、技術の問題でご利用者からの苦情が出る場合。
　⑦ミストラブルシートに同じ失敗の繰り返しが多い場合。

　2．法人に被害をもたらす失敗、マイナスイメージを出す失敗
　①不注意、注意散漫により事故を起こした場合。
　②業務手順書通り進めない作業をした場合。
　③損害賠償を受けるような事故があった場合。
　④社会的に批判を受けるような行為があった場合。

　3．給与ほどの貢献がない場合
　①手抜き仕事、時間のムダ使い、責任感のない仕事の仕方等をした場合。
　②給与に見合う活動、成果を出してない場合。

　4．介護報酬等や補助金が削減された場合
　①政府の財政上の問題で、報酬・補助金が一方的に削減された場合。

XIII　我が法人で解雇、リストラされる条件
　1．介護報酬等の著しい削減
　①急激な不振で、リストラなしには施設運営ができないと判断される場合。
　②ご利用者の極端な減少。

　2．施設の規則、規定の不履行
　①過去にも注意され、再度活かされず同じ過ちで施設に甚大な被害が出た場合。

　3．度重なる基本動作の不徹底
　①ご利用者からの重大なクレームの発生。
　②重大事項の報告遅延や不履行。

4. 意図的、無意識を問わず違法行為
　①反社会的行為（暴力、セクハラ、詐欺、横領、窃盗等、民事・刑事罰に該当する事項）をした場合。

5. その業務が施設から外部へ委託、派遣または業務縮小するとき
　①部門撤退や縮小によるその業務の消滅または削減。
　②業務の委託や派遣活用に伴う、施設内業務からの撤退。

XIV　我が法人の給与評価に関する考え方
1. 施設は健全経営のために、年功序列から能力主義評価に変わる。
　①何十年勤めたら、給与が上がるということはない。
　②若くてもやる気と能力があれば、年配者や先輩を抜いて高い給与と高い役職が与えられる。
　③家庭でいくら支出があろうが、施設はその人の貢献で給与を決める。

2. 「自分だけが頑張っているつもり」では誰も評価しない。評価はあくまでも第三者が決める。
　①第三者とは上司、経営者、ご利用者を指す。
　②貢献度で評価するので、無駄な努力で疲れていても評価に値しない。

3. 施設批判、上司批判をしても、評価は上がらない。自ら改善する努力と行動に施設は評価を与える。
　①職員に批評家、評論家を求めてはいない。
　②指示されたことを忠実に実行する行動力と、結果や努力に対して評価する。

4. 「一生懸命努力している」なら、必ず評価が上がるはず、努力しても評価が上がらないのは、努力不足か、努力の仕方が悪いかだ。努力の内容、やり方が悪ければ施設はその人を評価しない。
　①評価は行動と結果に比例する。
　②評価の上がらない行動は、行動が間違っているか、考え方が間違っている。
　③自分の思い込みだけで行動せず、報告連絡相談を心がける。

My Way of Consulting ⑪

Column　退職後に職員が問題を起こさないようにする誓約書

　職員の退職時に、どういう手続きをとっているだろうか？　有給の処理や貸付物の返還、賃金に関する退職手続きは、どこの事業所でも行っていることだろう。問題は、「退職時誓約書」を締結しているかどうかということだ。

　「退職時誓約書」とは、以下の目的で、本来は退職者から署名押印をもらうものである。

> ①在職時に知りえた法人内外の情報（患者利用者情報、法人情報等）を漏らさないこと
> ②在職時に支給されたモノ、在職時に作成したノウハウやデータ類の消去と変換
> ③退職後、職員の引き抜きを禁止すること
> ④在職時の取引先への営業の禁止　等

　このなかで、特に注意したいのが、③と④である。

　③の「引き抜き」とは、慢性的な人手不足を背景に、退職者が新しい職場に、前職の仲間を勧誘して、引き抜くことだ。誰でも、新たな職場で早く手柄がほしいと思うのは人情である。また、在職時の仲間が不満をかかえていたのなら、「こっちの水は甘いよ」と声をかけたくなるものだ。

　しかし、ここは歯止めをかけなければならない。「勧誘行為をしない」と誓約させて、もしそういう違反行為があれば、法的手続きをとることをしっかりと伝えるのだ。法的手続きといっても、裁判をすることではない。弁護士を立てて、勧誘した本人に内容証明を送ることだ。

　通常、こういったことに不慣れな職員には、これだけで十分な効果があるし、もし何の反応もなければ、粛々と手続きをとればよい。

　④の「営業の禁止」は、特にケアマネや医療介護連携先に見かける行為だ。これも、在職中に関係をもったネットワークなので、本来ならば退職後の「あいさつ回り」もはばかれるところである。

　しかしこれも、違反行為があれば、内容証明を送ることを退職時にやんわりと話し、釘を刺しておくべきだろう。

　退職する職員は、誓約書にある行為については、あまり重大に考えてない場合がほとんどだ。とくに悪意もなく、安易な気持ちから行われる場合が大半であろう。

　ただ、組織を守るためには、こういった安易な行為を無視するわけにはいかない。事業所が厳しい態度に出られるのは、退職時の誓約書に署名押印しているからだ。誓約書がなければ、退職者がどのような行為をしても、咎められるものではないし、法的手段の前段としての「内容証明」のような手段はとりにくくなる。

　退職時の手続きとして、「退職時誓約書」への署名押印の習慣をつけたいものだ。

Category XII

配点基準付
人事考課作成
コンサルティングの進め方

1 配点基準付人事考課作成が求められる背景

「人が人を評価する」人事考課制度は、適正評価に向けて様々な取り組みがなされている。本章では、評価者負担が少なく、適正評価が可能な「配点基準付人事考課」について説明する。

> ①これまでの一般的な人事考課シートでは、どうしても考課者の感覚で、適正な評価が難しかった。
> ②「考課者訓練」を数回行っても、かけた費用と時間コストの割には、毎回評価のばらつきが発生し、統一基準は厳しい状況である。
> ③考課者訓練をしなくても、ある程度公平な人事考課ができる仕組みへのニーズは高い。

2 人事評価作成について幹部向けに説明会実施

実際の評価でいちばん悩む立場が幹部層である。その幹部向けに「配点基準付人事考課」のポイントや進め方を、事例を見せながら、下記の要領で説明する。

(1) XII-1　一般職人事考課シート配点基準（実例）を説明する

> ①本事例の結果、考課者である管理者が以前よりも人事評価がしやすくなった。
> ②配点別の絶対基準に、施設の意志が入っているので効果的。

(2) 人事考課シートは、抽象論ではなく具体的表現になるように指示する

> ①いかに考課者訓練をしても、抽象論での考課項目では、個人ごとの価値観の相違は埋まるものではない
> ②またコンピテンシー（高業績者の行動特性）型の人事考課シートも、中小法人では、整理するまでに時間と労力がかかる。
> ③特に、事例で紹介している法人では、コンピテンシーは職能評価に活用しているので、人事考課ではあくまでも「姿勢」「基本動作」「基礎能力」に関する項目を重点的に表現する。

3 人事考課の考課要素（項目と着眼点）の検討会の実施

この検討会では、どんな考課要素を導くかを、具体的に下記の手順で検討を進めていく。

(1) 人事考課の内容はなるべく自分達の言葉で作成

> ①失敗しやすい人事考課の作成方法は、どこかの本の表現をそのまま引用した場合である。
> ②実際に今後何回も使用する人事考課項目が、管理者を中心に自分たちが作成したものであると認識すれば、自ずと考課にも力が入るものである。
> ③表現方法も具体的事例も、自分たちの身の回りにあるケースが考課にあれば親近感をもってトライできる。

(2) 人事考課の考課要素（項目）は、経営会議で意見聴取

> ①考課の方向性である「規律性」「協調性」「責任性」「積極性」の4つの要素から、各要素別にどんな要素が重要かを、理事長・施設長・介護部長・事務長とコンサルタントが協議しながら、中項目を捻出する。
> ②考課要素（項目）とは、人事評価の中項目である。

(3) 各考課要素（項目）別に、考課ポイント（着眼点）を管理者会議等で詳細作成

> ①経営陣から提示された「考課項目」の「考課着眼点ポイント」を決めていくのは、実際に考課を行う管理者クラスである。
> ②事例で紹介している法人も、管理者会議を複数回開いて、そのポイントを議論して表記した。
> ③検討会の進め方としては、例えば、「経営陣から主要な考課項目として、『挨拶・声かけ・返事』について指摘されている。具体的に挨拶の評価の分かれ目はどんな箇所か」と聞いて、管理者の意見から整理していく。
> ④考課項目についての考課ポイントが複数あってもかまわない。管理者が実際に評価する際に着眼点の参考になれば、いくつあってもよいが、1つの考課項目について2～5つくらいが適切。
> ⑤考課要素のなかには、「できて当たり前」の項目がある。その項目では評価の上限値を5段階評価のなかで、真ん中（普通レベル）にしている。「できて当たり前」のことができていない場合は、普通以下の点数にする。

⑥点数は5段階評価で、5—4—3—2—1で配点している。
⑦考課者訓練をなるべくしなくてよいように、できれば事例にあるように、点数別におよその判断基準を入れることが望ましい。

4 人事考課表の配点基準の作成

　人事考課表の配点基準があれば、考課者訓練が容易に進めやすくなるばかりか、被評価者である職員にも評価基準が明示できる。配点基準のポイントは「行動でわかる表現」にすることである。

（1）まず、3点（普通評価）のレベルを決める

①普通評価とは、「普通に良い」状態であり、「可もなく不可もなく」より若干上のレベルで判断する。

（2）1点（低い評価）のレベルを決める

①低い評価とは、「全くできていない状態」「明らかに低い点数をつけたい状態」「周囲の人と比べて、問題行動がある場合」を指す。
②それが行動でわかるような表現にする。

（3）5点（高い評価）のレベルを決める

①高い評価とは、模範的なレベルで、「理想とまでは言わないが、こうあってほしい状態」「こういうことをすれば、最高点をつけたい状態」を指す。

（4）2点、4点はその中間の表現にする

①2点は、全くできていないとまでは言わないが、明らかに低い状態の行動を指す。
②4点は、普通評価より高いレベルの行動を指す。
〈**XII-2　一般職人事考課シート集計表（実例）**を参照〉

5　管理者用の人事考課シートの作成

　一般職員と管理者に求める考課基準は異なる。一般職員の効果要素や配点基準を参考に、管理者に必要な姿勢や行動、管理力を整理していく。

(1) 管理者については、経営陣と一緒に経営会議等で作成する

> ①経営陣が望む管理者像をベースに、必要な資質や能力を列記してもらう。
> ②列記されたものから、おおよそのカテゴリーに分類する。
> ③分類された項目から、考課ポイントを議論しながら表記する。
> ④個別質問は全体像の説明の後にしてもらう。
> 　…質問の応答があとから出ることがあるので
> ⑤詳細な内容説明を求めず事務局に一任される場合
> 　・細かいことを経営陣が理解できず、事務長を中心とした事務局に一任される場合は、この要望を聞く会議は割愛してもかまわない。

6　人事考課シートは検討しながらその場でパソコン入力する

　一般職員用も管理者用も、コンサルタントはひな形・フレームを用意し、検討会で参加者の意見を聞きながら、文言を入力していく。人事考課の表現で「これが正しい答え」というのはないが、評価しやすい表現かどうかを確認しながら進めていく。

(1) パソコンとプロジェクターを準備し、議論しながら入力していく

> ①検討時間の効率化と視覚的効果を高めるため、事務長や書記はパソコンに入力しながら検討会に参加する。
> ②この方式だと、どの表現が採用されたか参加者全員が認識できる。

(2) 参加者はプロジェクターを見ながら、議論に集中する

> ①プロジェクターを見ることで、参加者が書記することもなく、議論に集中できる。

■ XII-1　一般職員人事考課シート　配点基準付（実例）

平成　年　月現在

NO	考課項目	考課着眼点	上限点数	5点	4点	3点	2点	1点
1	前期の課題	個人ごとに設定	5	完璧にクリアできた	余裕をもってクリアした	クリアした	クリアできなかった	取り組むことをしなかった
2	前期の個人目標	個人ごとに設定	5	完璧にクリアできた	余裕をもってクリアした	クリアした	クリアできなかった	取り組むことをしなかった
3	基本サービス（接遇・態度・言葉使いは適切か）	利用者に対して高圧的な態度（上から目線の物言い、イライラした態度等）を取っていないか（子ども扱いの○○ちゃん呼称も含む）	3	×	×	「命令口調」「無視」「イライラ態度」の事実はなかった	「命令口調」「無視」「イライラ態度」の事実はたまにあった	「命令口調」「無視」「イライラ態度」の回数が多かった
		出勤時から、自分から「目線を合わせて」明るく笑顔で声掛け、挨拶をしているか	3	×	5点基準にプラスして、常時、模範的な挨拶であった	眼を合わせて明るく挨拶することが常にできていた	普通に挨拶するが眼を合わせることは少なく、明るいとはいえなかった	一般の職員と比して明らかにできていなかった
4	環境整備（職場の環境美化への取り組み内容）	「使った後は決まった場所・元の場所に戻す（整頓）」ことを徹底しているか	3	×	×	常にできていた	一度「出しっぱなし」「置きっぱなし」の注意をされたら、整頓するようになった	「出しっぱなし」「置きっぱなし」の注意をされてもまた、出しっぱなしにすることがあった（何回も繰り返す）
		自分の担当箇所の「ゴミ」「汚れ」によく気づいて、掃除ができているか	4	×	自分の担当箇所以外でも「よく気づいて」掃除をしていた	自分の担当箇所は「よく気づいて」掃除をしていた	「ゴミ」「汚れ」をたまに指摘されることがあった	「ゴミ」「汚れ」を何回も指摘された
5	規律性（就業規則や職場のルールを厳守したか等、決まり事を守れているか）	私的な理由（自己啓発の理由は除く）での勤務希望や変更はないか	4	×	本人の勤務要望はなく、他人の変更も受け入れてくれた	私的な理由での要望回数は基準以内で、変更がなかった	私的な理由での要望回数は基準以内で、変更がたまにあった	私的な理由での変更が毎月あった
		提出書類の基本期限は守られているか（ケース記録、稟議書、計画書、出張報告等）	4	×	×	常にできていた（遅れることはなかった）	たまに遅れることがあった	注意されているのに毎回遅れた
		始業時に業務ができる状態になっているか（余裕をもって出社しているか）	4	×	常に約束の時間前に余裕で出社し、事前に準備作業を徹底していた	部門・チームの決まりの時間には出社していた（10分前等）	時間に遅れることはないが、ギリギリ出社が多かった	たまに遅刻することがあった
6	責任性（担当業務や与えられた役割を責任をもって遂行できたか）	取り組みもしないのに、最初から拒否、回避するような行為、言動はないか	5	6点にプラスして、消極的な人も参加させるように動機づけできた	業務に必要なことは、経験ないことでも積極的に、取り組む姿勢があった	業務に必要なことは、経験ないことでも取り組む前に、拒否や回避するような言動はなく、普通に取り組んだ	業務に必要なことでも、経験がないことについては、取り組む前に消極的な態度や言動を取ることがあった（経験があることは渋々でも取り組んだ）	業務に必要なことでも、経験のないことには、取り組む前に消極的な態度や言動を取り、拒否や回避をすることがあった
		与えられた仕事、担当業務は漏れなく実施し、途中で投げ出したり、誰かに迷惑をかけることはなかったか	5	かなり困難な業務や、誰もやったことのない業務でも、辛抱強く、結果的にはまっとうした	結構、難しい業務や自身では経験のない業務でも、辛抱強く、結果的にはまっとうした	基本的に通常の自己の責任業務は、まっとうした	与えられた責任業務を自己完結できず、誰かの協力を必要とした	与えられた責任業務なのに、途中で放棄し、誰かが後始末するようなことがいくつかあった
		利用者、関連職員に「聞いていない。知らない」と連絡事項の漏れがないようにしているか	4	×	連絡漏れは全くなく、連絡の受け手側への配慮まである	連絡漏れはない	連絡漏れがたまにある	指示、掲示しているにもかかわらず連絡漏れが多い
7	協調性（チームワークに心がけ、連携・協働できたか）	誰とでもわけへだてなく、コミュニケーションがとれているか	5	6点にプラスして、誰からも高い評価で、人間関係のつなぎ役にもなり、チームの雰囲気もよくしていた	誰とでもコミュニケーションがとれ、皆と仲よくしていた	仲がよくない人とでも、普通にコミュニケーションがとれた	人によってコミュニケーションの取り方に差が出る、トラブルまではないが特定の人とうまくいかなかった	対人関係のトラブルを起こすことがあった
		メンバーと円滑に共同作業ができているか（他人が協力しづらい単独行動や、情報共有しないから協力できない等がない）	5	他部門へも進んで協力し、円滑に共同作業ができた	協力する人が気持ちよく共同作業をしてもらうことができた	普通に誰とでも共同作業ができた	特定の人としか共同作業できなかった	他人と歩調が合わせられず、必要な場面でも共同作業をしなかった

NO	考課項目	考課着眼点	上限点数	5点	4点	3点	2点	1点
8	積極性(積極的な取り組みや改善提案等、自発的な行動を心がけたか)	改善提案やアイデア提案(新たな取り組み、可能性へのトライの行動も含む)は積極的か(自業務の深掘、可能性へのトライの行動も含む)	5	常に改善ヒントを探し、効果的な改善を数多く出していた	効果的な改善がいくつかあった	自分でテーマを見つけ、なんらかの提案はあり、改善していた	他人からテーマをいわれれば、改善するが、数は少なかった	他人からテーマをいわれても、改善提案はなかった
		「気づき」(ヒヤリハットも含む)は積極的に出しているか	5	通常業務の中で、自発的に出す「気づき」が、ほぼ毎日あった	通常業務の中で、自発的に出す「気づき」が、月10回以上あった(半年で60回以上)	通常業務の中で、自発的に出す「気づき」が、平均月5回以上あった(半年で30件以上)	通常業務の中で、自発的に出す「気づき」が、平均月3回以上あった(半年で18件以上)	通常業務の中で、自発的に出す「気づき」が、平均月2回以下であった(半年で18件未満)
		会議ミーティングでの決定事項を誰が行うかを決める際に、指名されたから仕方なくやるという意識ではなく、自発的に名乗りを上げて、取り組もうとしているか(業務への積極的関与の姿勢があるか)	5	6点にプラスして、指名されなくても、どんなことでも自発的に名乗りをあげることが多かった(チャレンジ精神旺盛)	指名されなくても、上司が判断した項目で自発的に名乗りをあげることが多かった	指名されたら、気持ちよく快諾する(二つ返事)積極的な関与の姿勢は感じられた(手を上げても指名されないケース)	指名されたから、仕方なくやる感じであった(一言二言いう場合もある)	指名されても嫌々ながらやるか、理由をつけて逃げることがある。まったく手を上げなかった
9	専門性(業務に関する必要な知識・技術・技能を備えているか)	専門知識を高める研究発表(部門内も含む)や学習、勉強会への参加等に積極的に取り組み、貢献したか	5	研修後、学んだ知識のマニュアル化や仲間や業務に活かせるよう形にしたまた内部講師までました	業務に関連する会や研修には自ら参加したこともあり、研究発表もしていた	業務に関連する会や研修には自ら参加したことがあった上司に提案した自己学習は終了していた	業務に関連する会や研修には上司からの提案がなければ参加しなかった	業務に関連する会や研修には上司の提案した自己学習をしていなかった
		利用者の症状別・ケース別に対応する知識はあるか	5	専門に特化した知識があり、スーパーバイズができた	等級・経験年数以上の知識があり、+1の配慮ができた	等級・経験年数に応じて問題なく対応できた	等級・経験年数に応じた知識不足のため、上司同僚からのアドバイスを受けて対応した	等級・経験年数に合致しない知識不足であった
		手順書を順守しているか	5	6点にプラスして、レクチャーや手順書の見直し提案ができる	手順書どおり進めても、より品質が上がり、また利用者が喜ぶ、+1の配慮がある	手順書どおり作業をしている	トラブルにはならなかったが、手順書どおりしなかったことがある	手順書どおりにせず、トラブルになったことがある
10	自己啓発(研修会等への参加やスキルアップへの取り組みに努めたか)	自身のスキルアップのために、先輩上司に積極的に質問し、受けたアドバイスを実行しているか	5	6点にプラスして、自分がした質問やアドバイスを、他に人のためにマニュアルや文書にして皆に波及させる努力をしていた	わからないことがあれば、積極的にわかるまで質問し、アドバイスを行動に移そうとした	わからないことがあれば、普通に質問し、アドバイスをもらい、行動に移す努力に移そうとした	わからないことの質問数は多くなく、アドバイスをもらっても、行動に移しているといえなかった	わからないことがあるはずだが、質問せず、アドバイスももらわなかった
		自費でもスキルアップのための研修や自己学習を行っているか	5	学んだ知識のマニュアル化や仲間や業務に活かせるよう形にした内部講師までました	学習結果が顕著に表れ、業務に貢献できた	スキルアップのため、なんらかの取り組みをしていた	やる気(購入、申込等の実施)はあるが、結果的にはしていなかった	なにもしていなかった
11	自己管理(健康管理や私生活に留意し業務に支障のない自己管理に努めたか)	急な体調不良、病気等で、チームに迷惑をかけなかったか	3	✕	✕	体調管理ができており、チームに迷惑をかけなかった	体調管理ができずに、チームに迷惑をかけることがたまにあった	体調管理ができずに、チームに迷惑をかけることが多々あった
		私生活での本人の不注意が影響して、チームに迷惑を掛けなかったか	3	✕	✕	不注意などなく、チームに迷惑をかけなかった	不注意があり、チームに迷惑をかけることがたまにあった	不注意があり、チームに迷惑をかけることが多々あった
	平均							

XII-1 一般職員人事考課シート 配点基準付(実例)

■ XII-2　一般職員人事考課シート　集計表（実例）

人事考課　集計表（全部門一般職員共通）　　　（　　　）部門
平成　年　月現在

				評価者	YY課長	KO係長

No.	考課項目	考課着眼点	上限点数	(TA)氏	(SS)氏	(DF)氏	(YT)氏	(KY)氏
1	前期の課題	個人ごとに設定	5	4	3	4	3	4
2	前期の個人目標	個人ごとに設定	5	4	4	3	3	4
3	基本サービス（接遇・態度・言葉使いは適切か）	利用者に対して高圧的な態度（上から目線の物いい、イライラした態度等）をとっていないか（子ども扱いの○○ちゃん呼称も含む）	3	3	3	2	3	3
		出勤時から、自分から「目線を合わせて」明るく笑顔で声かけ、挨拶をしているか	4	3	3	2	3	3
4	環境整備（職場の環境美化への取り組み内容）	「使った後は決まった場所・元の場所に戻す（整頓）」ことを徹底しているか	3	3	2	3	3	3
		自分の担当箇所の「ゴミ」「汚れ」によく気づいて、掃除ができているか	4	3	3	2	3	3
5	規律性（就業規則や職場のルールを厳守したか等、決まりごとを守れているか）	私的な理由（自己啓発の理由は除く）での勤務希望や変更はないか	4	4	3	2	3	4
		提出書類の基本期限は守られているか（ケース記録、稟議書、計画書、出張報告等）	3	3	3	3	3	3
		始業時に業務ができる状態になっているか（余裕をもって出社しているか）	4	4	3	2	3	4
6	責任性（担当業務や与えられた役割を責任もって遂行できたか）	取り組みもしないのに、最初から拒否、回避するような行為、言動はないか	5	5	4	2	3	4
		与えられた仕事、担当業務は漏れなく実施し、途中で投げ出したり、誰かに迷惑をかけることはなかったか	5	4	4	2	3	4
		利用者、関連職員に「聞いていない。知らない」と連絡事項の漏れがないようにしているか	4	4	4	2	3	4

No.	考課項目	考課着眼点	上限点数	(TA)氏	(SS)氏	(DF)氏	(YT)氏	(KY)氏
7	協調性（チームワークに心がけ、連携・協働できたか）	誰とでもわけへだてなく、コミュニケーションがとれているか	5	4	4	3	3	4
		メンバーと円滑に共同作業ができているか（他人が協力しづらい単独行動や、情報共有しないから協力できない等がない）	5	4	4	2	4	4
8	積極性（積極的な取り組みや改善提案等、自発的な行動を心がけたか）	改善提案やアイデア提案（新たな取り組み）は積極的か（自業務の深掘、可能性へのトライの行動も含む）	5	5	2	2	4	4
		「気づき」（ヒヤリハットも含む）は積極的に出しているか	5	5	2	2	4	4
		会議ミーティングでの決定事項を誰が行うかを決める際に、指名されたから仕方なくやるという意識ではなく、自発的に名乗りを上げて、取り組もうとしているか（業務への積極的関与の姿勢があるか）	5	4	3	1	3	4
9	専門性（業務に関する必要な知識・技術・技能を備えているか）	専門知識を高める研究発表（部門内も含む）や学習、勉強会への参加等に積極的に取り組み、貢献したか	5	4	4	2	3	4
		利用者の症状別・ケース別に適切に対応する知識はあるか	5	5	3	2	3	3
		手順書を順守しているか	5	4	4	3	3	4
10	自己啓発（研修会等への参加やスキルアップへの取り組みに努めたか）	自身のスキルアップのために、先輩上司に積極的に質問し、受けたアドバイスを実行しているか	5	5	3	2	3	4
		自費でもスキルアップのための研修や自己学習を行っているか	5	5	3	2	3	4
11	自己管理（健康管理や私生活に留意し、業務に支障のない自己管理に努めたか）	急な体調不良、病気等で、チームに迷惑をかけなかったか	3	3	3	2	3	4
		私生活での本人の不注意が影響して、チームに迷惑をかけなかったか	3	3	3	2	3	4
	平　　均			3.96	3.21	2.25	3.13	3.75

《著者略歴》

嶋田利広（しまだ・としひろ）

株式会社 アールイー経営代表取締役。
1962年大分県日田市生まれ。熊本商科大学卒業。中堅コンサルタント会社にて取締役ブロック長・経営協力部長を最後に1999年独立、㈲アールイー経営を設立（2010年に株式会社に組織変更）。コンサルタント歴25年。主に九州内の中小企業、会計事務所、病院、介護施設への経営コンサルティングと教育研修、講演を行う。指導の「わかりやすさ」と「定着化させる仕組みづくり」「元気の出る講演」に定評があり、長期の経営顧問が多いのが特徴である。「RE-TBC式現場コンサルティング・ノウハウ」と「12のコンサルティング・カテゴリー」による介護施設や医療法人の人材育成や賃金評価制度の仕組みづくりには多くの実績がある。
著作に『医療法人社会福祉法人の組織改革・経営改革実践実例マニュアル』『減収創益経営』『中小企業のSWOT分析』『SWOT分析による経営改善計画書作成マニュアル』（以上、マネジメント社）など多数。介護看護専門誌への出稿も多い。

　住所　〒860-0833　熊本市中央区平成3-9-20 2F
　TEL　096-334-5777／FAX 096-334-5778
　URL　http://www.re-keiei.com/
　Mail　consult@re-keiei.com

すずき佳久（すずき・よしひさ）

株式会社東邦ビジコン代表取締役。経営参謀（競争優位の戦略・戦術・戦闘支援コンサルタント）。NPOランチェスター協会理事・同東北支部長。日本TMS（目標達成）研究機構事務局長。経営士ふくしま副理事長。
1952年福島県いわき市生まれ。東北福祉大学卒業。東京にて広告企画会社を経営。会計事務所に勤務したのち、1991年、㈱東邦ビジコン設立。1996年、アンチエイジング勇気づけの街「ビバリー大館」を開設。主に東日本エリアの建設業や医療機器販売業、小売業、クリーニング業、介護事業への個別経営コンサルティングを行う。「トータル人事システムの構築運用」や「新規開拓4回ジャッジ営業法」など好評を得ている。得意分野は、経営戦略計画、販売管理、業務標準書、賃金改革、店舗指導。
著作に『新規開拓の進め方～断りに強い法』『店長のマーケティング』（以上、TBC出版）、『図解で身につくランチェスター戦略』（中経出版）などがある。

　住所　〒970-1151　福島県いわき市好間町ビバリー大館225-4 おはようビル1F
　TEL　0246-21-7721（開発センター）／022-398-6631（仙台ブランチ）
　URL　http://www.bisicon.com/
　Mail　post@bisicon.com

介護事業経営　コンサルティング・マニュアル

2012年9月20日　初　版　第1刷発行

著　者　嶋田利広／すずき佳久
発行者　安田喜根
発行所　株式会社 マネジメント社
　　　　東京都千代田区神田小川町2-3-13（〒101-0052）
電　話　03-5280-2530（代）　FAX 03-5280-2533
　　　　http://www.mgt-pb.co.jp
印　刷　モリモト印刷㈱

©Toshihiro Shimada, Yoshihisa Suzuki　2012 Printed in Japan
落丁・乱丁本の場合はお取り替えいたします。
ISBN978-4-8378-0467-3 C0034